Heinz Erhardt

Die Gedichte

Die Untermieterin

Du stehst vorm Apfelbaum und lobst:
»Was ist das für herrlich Obst!«
Pflückst einen Apfel, beißt hinein,
verziehst den Mund, fängst an zu spein;
denn eine Made erster Güte
wohnt dort schon lang in Untermiete.
Du stehst vorm Apfelbaum und tobst:
»Wie kommt die Made in das Obst?!«

Die Hülle trügt! – Das Ungeziefer
dringt da im Allgemeinen tiefer ...

Der zweifelhafte Storch

Du gehörst zu den'n, die den
Klapperstorch noch nie gesehn,
weil man dazu in der Stadt
wenig Möglichkeiten hat.
Und weil er dir nie erschien,
glaubst du auch nicht recht an ihn. –

Ohne Zweifel gehn dem Storch
solche Zweifel dorch ond dorch,
weshalb er dann schnell und meist
seine Existenz beweist!

Gänseblümchen

Ein Gänseblümchen liebte sehr
ein zweites gegenüber,
drum rief's: »Ich schicke mit 'nem Gruß
dir eine Biene rüber!«

Da rief das andere: »Du weißt,
ich liebe dich nicht minder,
doch mit der Biene, das lass sein,
sonst kriegen wir noch Kinder!«

Der Pv*

Der eitle Pv, meist schlecht gelaunt,
stolziert im Park von Hagenbeck,
und wenn wer kommt, der ihn bestaunt
– was jeder Pv recht gerne hat –,
dann schlägt er sein berühmtes Rad
und radelt langsamst damit weg!

Auch ich war jüngst bei Hagenbeck
– nur einfach so, zum Zeitvertreib –
und traf den Pv. Doch pfui! Der Geck
ging schnabelfletschend auf mich los:
Er zürnte mir! Warum denn bloß?
Doch nicht, weil ich ihn anders schreib?

---

* *Lies und sprich: Pfau.*

Artverwandt

Klingling, so klingt's im Großen Belt.
Das ist der Schellfisch, der da schellt.
Er klingelt, nur gemütlicher,
wie die Gebirgskuh südlicher. –

Das war bis heute unbekannt,
dass Kuh und Schellfisch artverwandt.

Die Schwalbe

Sonst ist die Schwalbe schwer zu zügeln,
dann flitzt sie durch die Atmosphäre.
Doch heute schwitzt sie untern Flügeln –
als wenn es noch nicht Frühling wäre!

Der Maus

Der Maus ihr Gatte wurd geschnappt
von einer Mausefalle,
nun war – verdammt und zugeklappt! –
er mausetot für alle.
Die Trauerreden für 'n Gemahl,
sie gipfelten im Satze:
»Viel schneller ging's auf jeden Fall
mit Falle – als mit Katze!«

Tatü, tatü

Die Jagd beginnt! – Tatü, tatü!,
ertönt es aus dem Horne.
Der Jäger tutet hinten rein,
dann kommts Tatü von vorne.

Der Jäger nimmt zwei Gläser mit:
Am einen kann er drehen,
dann kann er das, was weiter weg,
ganz nah und deutlich sehen.
Das andre Glas ist dazu da,
den Schnaps daraus zu trinken –
die Flasche ist im Rucksack drin
gleich neben Brot und Schinken.

Auch eine Flinte hat er mit,
gefüllt mit feinstem Schrote,
und wenn er schießt und gar noch trifft,
gibts bei den Hasen Tote.
Erlegt er aber einen *Hirsch*,
so hängt er als Trophäe
gleich das Geweih ins Wohngemach,
damit es jeder sähe.

Die Jagd ist aus! – Tüta!, so tönt
das Horn aus blankem Bleche.
Der Jäger geht ins Stammlokal –
der Hirsch bezahlt die Zeche.

Der Kabeljau

Das Meer ist weit, das Meer ist blau,
im Wasser schwimmt ein Kabeljau.
Da kömmt ein Hai von ungefähr,
ich glaub von links, ich weiß nicht mehr,
verschluckt den Fisch mit Haut und Haar,
das ist zwar traurig, aber wahr. – – –
Das Meer ist weit, das Meer ist blau,
im Wasser schwimmt kein Kabeljau.

Brauchtum

Ich brauche dich und du brauchst mich,
wir brauchen uns, sie brauchen sich.

Ob jemand spricht, kräht oder faucht:
Er wird gebraucht, er wird gebraucht.

Ich brauche dich und du brauchst mich,
wir brauchen uns, sie brauchen sich
darüber nicht zu kränken,
die Felchen oder Renken*.

---

* *Dies ist die süddeutsche Fassung. Für norddeutsche Leser sind die zwei letzten Zeilen wie folgt zu ändern:*

> darüber nicht zu wundern,
> die Schollen oder Flundern.

Wirklich unerhört

Die Amsel drosselt
ihren lauten Sang.
Die Finken starten schon –
der Weg ist lang ...
Die A- und Blaumeisen
sind ganz verstört,
auch sie finden das
wirklich unerhört!!!

Das ist ihnen noch nie begegnet:
ein Sommer, so total verregnet!

Die Drossel amselt,
und es finkt der Star:
»Ade, auf Wiedersehn
im nächsten Jahr!«

Nee, das geht nicht

Das Meer – wenn ich schon drüber spreche –
hat eine feuchte Oberfläche,
die, finden keine Stürme statt,
stets ruhig daliegt, groß und glatt.
Soweit wär alles schön und gut.

Doch was sich *unter* Wasser tut,
das zu erzähln sträubt sich die Feder:
Es frisst den andern auf ein jeder!
Je größer so ein Fisch, je kesser!
Dort toben Kämpfe bis aufs Messer!

(Was ganz der Wahrheit nicht entspricht,
denn Fisch mit *Messer* geht ja nicht!)

Der Schatz
Eine alte Volksweise

Es liegt ein Schatz begraben
dort, wo der Weg sich biegt,
und nur zwei alte Raben,
die wissen, wo er liegt.

Noch keine Menschen haben
ihn zu Gesicht gekriegt.
Nur die zwei alten Raben,
die wissen, wo er liegt.

»Hü, Rösslein, du musst traben,
bald haben wir gesiegt!
Ich seh zwei alte Raben,
die wissen, wo er liegt!«

Ich hab am Weg gegraben,
der eine Biegung macht.
Die beiden alten Raben
haben sich totgelacht.

Die Made

Hinter eines Baumes Rinde
wohnt die Made mit dem Kinde.

Sie ist Witwe, denn der Gatte,
den sie hatte, fiel vom Blatte.
Diente so auf diese Weise
einer Ameise als Speise.

Eines Morgens sprach die Made:
»Liebes Kind, ich sehe grade,
drüben gibt es frischen Kohl,
den ich hol. So leb denn wohl!
Halt, noch eins! Denk, was geschah,
geh nicht aus, denk an Papa!«

Also sprach sie und entwich. –
Made junior aber schlich
hinterdrein; doch das war schlecht!
Denn schon kam ein bunter Specht
und verschlang die kleine fade
Made ohne Gnade. Schade!

Hinter eines Baumes Rinde
ruft die Made nach dem Kinde …

Tirili, piit-piit

Die Lerche schwingt sich in den Äther
und singt das Liedchen ihrer Väter:
    Tirili, piit-piit.
Ist's an der Oder oder Elbe,
der Text ist überall derselbe:
    Tirili, piit-piit.
Vom allerersten Sonnenschimmer
bis zu dem letzten singt sie immer:
    Tirili, piit-piit.
Wird's Abend, steigt sie müde nieder
und steckt das Köpfchen ins Gefieder:
    Tirili, piit-piit.
Wird's wieder Tag, weckt sie die Schwestern,
schwingt sich empor und singt wie gestern:
    Tirili, piit-piit.

Die Q

Die Q ist, allgemein betrachtet,
derart beliebt und auch geachtet,
dass einst ein hoch gelahrter Mann
für unsre Q das »Q« ersann.
So bleibt sie nun, ewig beredt,
als Buchstabe im Alphabet. –
Mich wundert's nur, dass manche Kreise
abhold sind dieser Schreibeweise.

Den Unverstandenen

Stumm ist der Fisch, doch nicht nur er:
Auch einen Wurm verstehst du schwer.

Selbst deines treuen Hunds Gebell
entzifferst du nicht immer schnell.

Und bei den Rindern, Hühnern, Schweinen
kannst du nur raten, was sie meinen.

Drum spreche ich als Anwalt hier
für jedes unverstandne Tier.

(Für 'n Papagei brauch ich das nicht,
weil er ja für sich selber spricht.)

Der Hirschkäfer

Ein Hirschkäfer, der weidete
mit seinen siebzehn Rehen,
und jedermann beneidete
ihn um die vielen Ehen.

Da kam der Knabe Fritz heran –
die Rehkäfer entkamen;
der Hirsch jedoch griff mutig an,
zu schützen seine Damen!

Er musste sterben. – Mit der Leiche rannte heim der Bube – – – !
Jetzt ziert des Käfers Hirschgeweih
Schwesterchens Puppenstube ...

Ein Kinderlied

Eiapopeia, was raschelt im Stroh?
Das sind die lieben Mäuschen, die freuen sich so,
denn die Katze ist krank. Nun ringeln sie's Schwänzchen
und heben das Köpfchen und machen ein Tänzchen,
drum raschelt's auch so in dem Stroh.
Eiapopeia, eiapopo.

Prolog

Nicht immer war ich schon so alt –
das machten erst die Jahre.
Die Stirne wuchs mit dem Verstand
im Laufe meiner Haare.
Nun wünsch ich mir, dass, was ich schrieb,
auch frohe Leser findet,
dann möge dieser Band das Band
sein, welches uns verbindet.

HEINZ ERHARDT
DIE GEDICHTE
MIT ILLUSTRATIONEN VON JUTTA BAUER

*Hinter eines
Baumes
Rinde ...*

LAPPAN

Sabinchen

Da war ein schneeweißes Karnickel,
das hatte einen schwarzen Pickel
auf der Nase.
Sprach ein Hase:
»Liebe Base,
das geht so nicht mit deiner Warze!
Es kommt ein Jäger, trifft ins Schwarze!
Du musst den Pickel heller färben,
dann lebst du lang, ohne zu sterben!«
Das tat denn auch sofort Sabinchen
(so nämlich heißt dieses Kaninchen)
und lebt heute noch ungestört ...
Wie gut, wenn man auf andre hört!

Das Kälbchen

Es spielt das Kind vom Rind im Wind,
ist froh und guten Mutes.
Es kennt nicht Not, nicht den Papa,
nicht den Geruch des Blutes. –

Der Weg ist weit, der Kasten eng –
das Kälbchen ahnt nichts Gutes.
Der Schlächter ist kein schlechter Mann,
doch muss er's tun – und tut es. –

Das Kälbchen existiert nicht mehr –
in unsern Mägen ruht es,
doch nachts erscheint es uns im Traum
und traurig muh – muh – muht es.

Der Guck-Guck

Der Guck-Guck ist ein Vogeltier,
das weiß man ganz genau.
Kommt er jedoch als Hund zur Welt,
so nennt man ihn Schau-Schau.

Das Steckenpferd

Der eine liebt Konkretes nur,
der andre das Abstrakte,
der Dritte schwärmt für die Natur
und deshalb für das Nackte.
Der Vierte mag nur Fleisch vom Schwein,
der Fünfte Milch und Eier,
der Sechste liebt den Moselwein,
der Siebte Fräulein Meier.
Für jeden gibt es was von Wert,
für das er lebt und streitet,
und jeder hat sein Steckenpferd,
auf dem er immer reitet.

Drei Raupen

Ein Melodram

Introduzione
Es steht in diesem Buche hier
so manch Gedicht über manch Tier –
nur über *Raupen* gabs noch keins!
Nun, bitte sehr, hier wär so eins!
Doch ist es (weil's, ich will's betonen,
für alle handelnden Personen
ein grauenhaftes Ende nimmt)
für Jugendliche nicht bestimmt!

Thema con variazioni
Drei Raupen schlossen in der Landschaft
von Südtirol ihre Bekanntschaft.
Da wurd die eine bei den Beeten
vom Gärtner hinterrücks zertreten!
Die zweite wurde unterdessen
vom Spatz erspäht und aufgefressen!
Die dritte aber – diese Raupe
verschied zu Hause an der Staupe!

Coda
Wie grausam ist doch die Natur:
Sie trachtet nach dem Leben nur!

Stiche

Von Dürers Meisterhand ein Stich
betrachtet, wirkt mehr »äußerlich«,
dagegen dringt, wenn Sie verzeihn,
der Mückenstich weit »tiefer« ein.

Man sieht hieraus, dass ein Insekt
viel mehr kann als der Intellekt.

Die Schnecke

Mit ihrem Haus nur geht sie aus!
Doch heut lässt sie ihr Haus zu Haus,
es drückt so auf die Hüften.
Und außerdem – das ist gescheit
und auch die allerhöchste Zeit – :
Sie muss ihr Haus mal lüften!

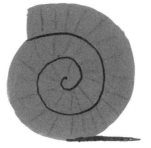

Blasphemie

Eine gräulich schwarze Fliege
sitzt dort rechts auf der Tapete,
putzt die Flügel und das linke
Mittelbein. – Ich lese Goethe.
Und wie klein erscheint mir dieser
immerhin so große Goethe
neben meiner schwärzlich grauen
Fliege dort auf der Tapete.

Weidende Seekuh

Die Seekuh weidet auf dem Grund
des Ozeans. Stumm ist ihr Mund;
denn finge an sie, laut zu singen,
würd ihr das Meer ins Innre dringen –
und dieses Nass, welches sie schluckt,
verdürbe dann das Milchprodukt,
das, schon seit jeher äußerst rühmlich,
wohl jeder Seekuh eigentümlich.

So weidet unsre Meereskuh
mit Appetit, doch ohne Muh ...

Das Lama

In dem Land des weisen Brahma
lebte jahrelang ein Lama,
dem es niemals wollte glucken,
weit im Bogen auszuspucken.

Schrecklich litt es seelisch wegen
diesem seinem Unvermögen;
und die Tränen war'n ihm nah,
wenn es andre spucken sah.

Heimlich übte es im Sitzen
oder Stehn, den Mund zu spitzen,
um dann zielgerecht durch dessen
Spalt den Strahl herauszupressen;
doch selbst in bequemer Lage
förderte es nichts zutage.

Und – so endet dieses Drama –
schließlich musste unser Lama
vor den Thron des Brahma traben,
ohne je gespuckt zu haben.

Gedanken beim Anblick deiner Krokotasche

Ich badete im Ganges
(das ist eine Art Nil).
Im Ganges schwamm was Langes
auf Flügeln des Gesanges:
Das war ein Krokodil.

Es sang: »Die alten Zedern,
die blühen weiß und rot. –
Oh, hätte ich doch Federn,
wär's Leben nicht so ledern –
besonders *nach* dem Tod.«

Ente gut, alles gut

Eine Ente sitzt im Schilfe
und im Boot der Jägersmann.
Gibts denn niemand, der da Hilfe
unsrer Ente bringen kann?
Schon sieht man den Hahn ihn spannen,
bums!, das Schrot kracht mit Getöse,
und – die Ente fliegt von dannen.
Sie ist heiter, er ist böse.

Die Kuh

Auf der saftig-grünen Wiese
weidet ausgerechnet diese
eine Kuh, eine Kuh.

Ach, ihr Herz ist voller Sehnen
und im Auge schimmern Tränen
ab und zu, ab und zu.

Was ihr schmeckte, wiederkaut se
mit der Schnauze, dann verdaut se
und macht Muh, und macht Muh.

Träumend und das Maul bewegend
schaut sie dämlich in die Gegend
grad wie du, grad wie du.

Der Igel

Der Igel sprach zur Igelin:
»Du weißt nicht, wie verliebt ich bin!
Ich liebe dich wie nichts so.«

Dann drückte er sie fest an sich,
worauf sie schrie: »Auch ich lieb dich,
doch lass das sein, du stichst so!«

Der Spatz

Es war einmal ein grauer Spatz,
der saß ganz oben auf dem Dache,
und unten hielt die Miezekatz
schon seit geraumer Weile Wache.
Da sagte sich das Spätzlein keck:
»Mich kann das Biest nicht überlisten!«
Bums, kam ein Habicht um die Eck
und holte sich den Optimisten. –
So kann es allen denen gehn,
die glauben, nur *sie* wär'n die Schlauen.
Man darf nicht nur nach unten sehn,
man muss auch mal nach oben schauen!

Das Vöglein

Wenn ich ein Vöglein wär
und auch zwei Flügel hätt,
flög ich zu dir.
Da ich kein Vöglein bin
und nur einen Flügel hab,
spiel ich Klavier.

Affig

Was uns vom Affen unterscheidet
ist nur der Fakt, dass man sich kleidet.
Warum man sonst Textilien macht,
das hat noch keiner rausgebracht.

Wenn's Publikum zu lachen liebt,
lacht's oft, wo's nichts zu lachen gibt.
Warum es jetzt zum Beispiel lacht,
das hat noch keiner rausgebracht.

Die Fliege

Eine Fliege flog zum Flügel,
huschte leis über die Tasten,
um dann auf dem »gis« zu rasten.
Doch nur zwei Sekunden währte
dieser Aufenthalt, dann kehrte
sie zurück zu ihrer Sippe
und erzählte unumwunden,
sie hätt den guten Ton gefunden.

Der Brummer

Der Brummer, der mich so geplagt
und den ich hundertmal gejagt
und den ich niemals kriegen konnte,
weil er ja leider fliegen konnte,
und der mir manchen Schlaf verdorben,
der Brummer ist, gottlob, verstorben.
Er starb an Bauchweh und Migräne. –
De mortuis nil nisi bene!

Der Schmetterling

Es war einmal ein buntes Ding,
ein sogenannter Schmetterling,
der war wie alle Falter
recht sorglos für sein Alter.
Er nippte hier und nippte dort,
und war er satt, so flog er fort,
flog zu den Hyazinthen
und guckte nicht nach hinten.
Er dachte nämlich nicht daran,
dass was von hinten kommen kann.
So kam's, dass dieser Schmetterling
verwundert war, als man ihn fing.

Ein Brief aus Hagenbeck

An Frau
Coco, geb. Cucu, verw. Fips
Urwald
Wenn man reinkommt: 3. Baum links, 4. Astwerk
– Afrika –
Papa, Mama und liebe Geschwister!
Erinnert ihr euch noch an den Mister,
der mich, als ich fröhlich am Aste hing,
fing? –
Das war ein Ding!
Der steckte mich einfach in einen Kasten!
Da saß ich nun drin und musste fasten!
Dann flog und fuhr ich lange Wege – – –
und nun wohn ich hier im Freigehege.
Wir sind zu sechst. Sind ganz verträglich,
bis auf den einen, der ist unmöglich!
Der kratzt sich immer am Arm, am Kiefer –
wahrscheinlich hat er Ungeziefer!
Ich hatte neulich 'nen Schnupfen gekriegt!
Ob das an diesem Eisbärn liegt
da drüben?
Ihr Lieben!
Das Essen ist hier reichlich und schmeckt!
Auch kommt kein Raubtier, das einen erschreckt!
Doch grauenhaft ist an jedem Tage
die *Menschenplage!*

Da strömen sie dann in rauen Mengen
und gucken und schieben und stoßen und drängen!
Und wenn ich auch ganz ruhig sitze,
sie lachen bloß und machen Witze
und reden nichts wie dummes Zeuch!
Und wie geht's euch?

Euer Schimpi

Der Regenwurm

Ein langer dicker Regenwurm
geriet in einen Wirbelsturm,
der trug ihn bis zum Himmel.
Nun dient er oben, nein, wie fein,
dem allerliebsten Engelein
als Klöppel einer Bimmel.

Der Saurier

Es war einmal ein schauriger,
urzeitgemäßer Saurier.
Er wohnte tief in den Morästen
und hatte keinen Drang nach Westen,
auch nicht nach Süden, nicht nach Norden,
drum war auch nichts aus ihm geworden.
So sehr man es bedauerte,
der Saurier versauerte.
Da er auf jeglichem Gebiete
nichts weiter war als eine Niete,
beschloss er kurz, sich zu verfärben
und für die Nachwelt auszusterben. –
Das war, fürwahr, ein trauriger
und zeitgemäßer Saurier!

An die Bienen

Bienen! Immen! Sumseriche!
Wer sich je mit euch vergliche,
der verdient, dass man ihn töte!
Dass zumindest er erröte!
Denn, wie ihr in Tal und Berg schafft
ohne Zutun der Gewerkschaft,
ohne dass man euch bezahle,
ohne Streik und Lohnspirale,
täglich, stündlich drauf bedacht,
dass ihr für uns Honig macht,
ihr seid's wert, dass man euch ehre!
Wobei vorzuschlagen wäre –
ob nun alt ihr, ob Novizen –
euch von heute ab zu siezen!
Unser Dank, unser Applaus
säh in etwa dann so aus:
»Sehr geehrte Honigbienen!
Wir Verbraucher danken Ihnen!«

Die Libelle

Liebe Libelle,
flieg nicht so schnelle!
Denk der Gefahren,
die deiner harren:
Bäume und Zäune,
Äste und Steine
auf allen Wegen!
Du fliegst *dagegen!!!*
Mit gebrochenen Gliedern
liegst du im Staube.
Dann kommt der Herbst,
du vermoderst im Laube ...

Oder ein Vogel
wird dich erhaschen,
wird dich zerbeißen
und hastig vernaschen ...

Oder ein Forscher
mit seinem Netze!
Erst tut er sachte,
dass nichts er verletze,
und freut sich stolz seines Besitzes!
Zu Hause jedoch nimmt er was Spitzes
und stichts dann
durch deine weichste Stelle:
arme Libelle!

Flieg nicht so schnelle,
genieße die Stunden,
vielleicht nur Sekunden,
die dir zum Leben
gegeben!

Scheint warm die Sonne:
Freu dich des Lichts!
Füllt Regen die Bäche,
hast du vom Leben nichts –
im Gegensatz zur Forelle!

Liebe Libelle ...

Löwenzahn

Löwenzahn ist schon seit jeher
als höchst kriegerisch verschrien,
denn er lässt bei gutem Winde
Fallschirmtruppen feindwärts ziehn.
Und ich sitz auf der Veranda
und verzehre meine Suppe
und entdecke in derselben
zwei Versprengte dieser Truppe.

Singe, wem Gesang gegeben

's ist Nacht. Auf meines Daches Zinnen wandelt
ein graues Säugetier in stolzer Pracht.
Dass es sich hier um einen Kater handelt,
das haben Sie sich ja wohl schon gedacht.
Er singt ein Lied. Er lässt sich das nicht nehmen,
und weder Ringelstern noch Morgennatz
verfassten es. Er zahlt auch nicht Tantiemen.
Er singt – und was er singt, ist für die Katz!

Zwei Kröten

Zwei Kröten weiblichen Geschlechts
lustwandeln durch die Heide,
die eine links, die andre rechts,
und Warzen haben beide.
Und trotz der Warzen gehen sie
vergnüglich ihrer Wege
und lachen heimlich über die
moderne Schönheitspflege.

Verrat

Spinne, Spinne, spinne du
ruhig weiter, ich schau zu.
Bald kommt eine Fliege dann,
die sich nicht befreien kann,
saugst ihr Blut aus, Glied für Glied.
Wünsch dir guten Appetit!

Fliege, Fliege, fliege nur
ruhig weiter durch den Flur.
Doch die Ecke musst du meiden,
willst du nicht entsetzlich leiden,
denn dort hängt ein Spinnennetz!
Böse, Spinne, dass ich petz?

Das Fischchen

Ein Fischchen einst im Wasser saß
und von dem Wasser wurd es nass,
    das Fischchen.
Das Fischchen wollt gern trocken sein,
doch hatte es kein Handtuch, nein,
    das Fischchen.
Da sprang das Fischchen, hops, an Land
und drehte sich paarmal im Sand,
und als dann kam das Morgenrot,
war's Fischchen trocken – aber tot.
    Das Fischchen.

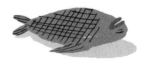

Humanistisches Frühlingslied

Amsel, Drossel, Star und Fink
singen Lieder vom Frühlink,
machen recht viel Federlesens
von der Gegenwart, dem *Präsens*.

Krokus, Maiglöckchen und Kressen
haben längst den Schnee vergessen,
auch das winzigste Insekt
denkt nicht mehr ans *Imperfekt*.

Hase, Hering, Kuh und Lachs,
Elke, Inge, Fritz und Max – – –
alles, alles freut sich nur
an dem Jetzt. Und aufs *Futur*.

Heißer Mai

Es ist sehr heiß.
Leise rieselt der Schweiß.

Sogar die Lerche,
sonst schwer zu zügeln,
flattert ganz langsam:
Sie schwitzt unter den Flügeln.

Und auch die Schwalbe
fliegt nur die halbe
Geschwindigkeit in der Stunde.

In aller Munde
ist dieses Lied:

Leise rieselt der Schweiß –
und das vor Ende des Mais.

Der Wurm

Am Fuß von einem Aussichtsturm
saß ganz erstarrt ein langer Wurm.

Doch plötzlich kommt die Sonn herfür
erwärmt den Turm und auch das Tier.

Da fängt der Wurm an, sich zu regen,
und Regenwurm heißt er deswegen.

Ein Volkslied

Wenn ich ein Mundschmiss* wär
und auch zwei Schaufeln hätt,
grüb ich mich ein.
Weil ich kein Mundschmiss bin
und keine Schaufeln hab,
lass ich es sein.

---

* *Vom Volksmund auch »Maulwurf« genannt. Es ist aber unschicklich, ein Maul in den Mund zu nehmen! Auch habe ich den »Wurf« als unfein verworfen!*

Hund und Herrchen

Egal, von welcher Art und Rasse,
ob tief er bellt, ob hoch er kläfft,
der Hund macht alles auf der Straße –
und auf die Straße sein Geschäft.
Die Katze ist da etwas feiner:
Sie hat ihr Klo, auf das sie geht,
und wie sie liebt, das sah noch keiner –
man hört es höchstens, abends spät.
Der Hund dankt stets für jede Strafe,
er leckt die Hand, die ihn versehrt.
Er ist des Herrchens treuster Sklave –
doch meistens ist es umgekehrt.

Die Schlange

Die Schlange kriecht – als leide sie
an schlechtem, unreinem Gewissen,
weil Ad und Eve, weil beide sie
durch sie in einen Apfel bissen.

Der Mensch hat dies schon oft bereut,
und über ihn ging mancher Sturm hin …
Und in so manchem Obst ist heut –
und nicht nur in dem nur – noch der Wurm drin.

Auf den Tod meines Hundes

Auf dem Berge steht ein Häuschen,
um das Häuschen ist ein Garten,
und am Zaun vor diesem Garten
war's, wo wir den Hund verscharrten.
Ach, er starb an einer Gräte,
die im Hals beim Atmen störte,
und die ja, genau genommen,
da auch gar nicht hingehörte.
Und nun stehe ich am Grabe,
pflanz Vergissmeinnicht und bete.
Von dem Kirchturm schlägt es sieben,
von dem Schellfisch war die Gräte.

's kommt ein Vogerl geflogen*

Ein kleiner Spatz kommt angeflattert
und hüpft auf meinen Fuß. Verdattert
entdecke ich in seinem Schnabel
ein Telegramm, und in dem Kabel
telegrafiert Andrea mir:
»Komm bald, ich sehne mich nach dir!«

Spreiz deine Flügel, kleiner Bote,
und flieg zurück zu der Geliebten
und überreich ihr meine Note,
in welcher steht, ich käm am siebten!

---

* *Jede Ähnlichkeit mit einem bekannten Volkslied
wäre rein zufällig.*

Drei Bären

Ein Brombär, froh und heiter, schlich
durch einen Wald. Da traf es sich,
dass er ganz unerwartet, wie's
so kommt, auf einen Himbär stieß.

Der Himbär rief – vor Schrecken rot –:
»Der grüne Stachelbär ist tot!
Am eignen Stachel starb er eben!«
»Ja«, sprach der Brombär, »das solls geben!«
und trottete – nun nicht mehr heiter –
weiter …

Doch als den »Toten« er nach Stunden
gesund und munter vorgefunden,
kann man wohl zweifelsohne meinen:
Hier hat der andre Bär dem einen
'nen Bären aufgebunden!

Der große weiße Vogel

Die Sekretärin, die ich hab,
heißt Fräulein Vera Kleinzig.
In Sachen Schminke und Frisur
und Kleidung ist sie einzig!
Doch stets guckt sie mich dämlich an,
wenn ich sie etwas frage,
und tippt sie einen Brief, braucht sie
dafür genau zwei Tage!
Und wenn sie einen Kaffee kocht –
na, das ist ein Gebräue ...!
Doch ich bin immer nett zu ihr:
Man kriegt so schwer 'ne neue!
Drum: »Großer, weißer Vogel« nenn
ich sie, wenn sie wie 'n Zwerg schafft
denn: Sag ich »dumme Gans« zu ihr,
dann geht sie zur Gewerkschaft!

Die Weihnachtsgans

Tiefgefroren in der Truhe
liegt die Gans aus Dänemark.
Vorläufig lässt man in Ruhe
sie in ihrem weißen Sarg.

Ohne Bein, Kopf und Gekröse
ruht sie neben dem Spinat.
Ob sie wohl ein wenig böse
ist, dass man sie schlachten tat?

Oder ist es doch zu kalt ihr?
Man sieht's an der Gänsehaut
Nun, sie wird bestimmt nicht alt hier:
Morgen wird sie aufgetaut.

Hm, welch Duft zieht aus dem Herde
durch die ganze Wohnung dann!
Macht, dass gut der Braten werde,
morgen kommt der Weihnachtsmann!

Der verstimmte Elefant

Jede Mücke hat den kleinen
Rüssel, der so oft und gerne sticht,
auch der Elefant hat einen,
aber stechen kann er damit nicht.
Deshalb ist auch unser Riese
leider immer irgendwie verstimmt,
grade so als ob er diese
Schwäche seinem Schöpfer übel nimmt.

Die Tauben und Beethoven
Bonner Impression

Die Tauben landen auf dem Rasen
und trampeln drauf mit ihren Pfoten,
als ob sie das Schild noch niemals lasen:
Betreten des Rasens verboten!

Dann setzen sie sich in die Ohren
vom armen Beethoven, dem kalten.
Sie haben es sich wohl geschworen:
Wir *Tauben* müssen zusammenhalten!

Von oben herab und von hinten bekleckern
sie den Komponisten wie unartige Gören –
man kann noch so bitten und drohen und meckern:
Die *Tauben* wollen nicht hören!

Sie scheinen bisher aller Mittel zu spotten,
deshalb, glaub ich, müsst man sie dazu bewegen,
um sie ein für alle Mal auszurotten,
nur *taube* Eier zu legen!

Die Kellermaus

Es wollte eine kleine Maus
– im Keller wohnhaft – hoch hinaus;
und eines Nachts, auf leisen Hufen,
erklomm sie achtundneunzig Stufen
und landete mit Weh und Ach
ganz oben, dicht unter dem Dach.
Dort wartete bereits auf sie
die Katze, namens Doremi. – – –

Kaum, dass das Mäuslein nicht mehr lebte,
geschah's, dass eine Fledermaus
ein paarmal um die Katze schwebte,
zur Luke flog und dann hinaus.
Da faltete die Katz, die dreiste,
die Pfoten und sprach: »Ist das süß!
Da fliegt die Maus, die ich verspeiste,
als Engelein ins Paradies!«

Kleiner Vogel

Kleiner Vogel dort im Baum,
sing doch bitte leiser;
denn wenn du so weitermachst,
wirst du noch ganz heiser!
Und die Stimme, die du hast,
klingt dann nicht mehr länger,
dann brauchst du ein Mikrofon,
wie 'n moderner Sänger …!

Die Katze

Die Katze hat ein gelbes Fell
und sitzt auf meinem Schoße.
Sie mag gern Fisch und eventuell
auch Schmorbraten mit Soße.

Auch fängt sie Mäuse dann und wann
und ab und zu – was seh ich! –
mal einen Vogel, doch nur dann,
wenn er des Flugs nicht fähig.

Oft bleibt sie meiner Kate fern;
dann weilt sie gegenüber.
Sie hat zwar meine Kate gern;
doch ist ihr 'n Kater lieber.

Der Leu und die Gazelle

Durch die Wüste schreitet der Leu,
blickt sich um, als wär er hier neu,
brüllt!

Schreckerstarrt verharrt die Gazelle,
die den Durst an schattiger Stelle
stillt!

Dann entfernt sich der Löwe nach Norden,
keiner weiß, was aus ihm geworden.
Die Gazell' aber rennt nach Westen –
das war für sie auch am besten ...

Ferien auf dem Lande

(Ich kam mit meinem Auto an
und Koffern, sechs bis sieben.
Der Motor ging total entzwei,
so musst zuletzt ich schieben.)

Ich wohn in einem Bauernhaus.
Die Milch ist frisch und sahnig.
Die Störchin auf dem Scheunendach,
sie schäkert mit dem Kranich.
Die Kuh macht »muh« – der Ochse auch,
sind schwer zu unterscheiden,
erst wenn man melken will, merkt man
den Unterschied der beiden.
Die Bauersfrau ist jung und schön.
Ich bin bei ihr der Kranich.
Ein Ochse ist ihr Herr Gemahl. –

(Zurück fahr mit der Bahn ich!)

Die polyglotte Katze

Die Katze sitzt vorm Mauseloch,
in das die Maus vor kurzem kroch,
und denkt: »Da wart nicht lang ich,
die Maus, die fang ich!«

Die Maus jedoch spricht in dem Bau:
»Ich bin zwar klein, doch bin ich schlau!
Ich rühr mich nicht von hinnen,
ich bleibe drinnen!«

Da plötzlich hört sie – statt »miau« –
ein laut vernehmliches »wau-wau«
und lacht: »Die arme Katze,
der Hund, der hatse!
Jetzt muss sie aber schleunigst flitzen,
anstatt vor meinem Loch zu sitzen!«

Doch leider – nun, man ahnt's bereits –
war das ein Irrtum ihrerseits,
denn als die Maus vors Loch hintritt
– es war nur ein ganz kleiner Schritt –
wird sie durch Katzenpfotenkraft
hinweggerafft! – – –

Danach wäscht sich die Katz die Pfote
und spricht mit der ihr eignen Note:
»Wie nützlich ist es dann und wann,
wenn man 'ne fremde Sprache kann …!«

Das Finkennest

Ich fand einmal ein Finkennest
und in demselben lag der Rest
von einem Kriminalroman.
Nun sieh mal an:
Der Fink konnt lesen!
Kein Wunder, es ist ein *Buch*fink gewesen.

Vogel und Baum

Man sieht die Lerchen mit Gesang
hoch in die Lüfte steigen.
Nur die mit »e«! Die mit dem »ä«,
die stehen da – und schweigen.

Vögel

Vögel sind, so steht's im Brehm,
Tiere, welche fliegen,
singen meistens angenehm
und sind schwer zu kriegen.
Fliegen ohne Unterlass,
auch bei größter Hitze,
wär ich Vogel, ließ ich das,
weil ich so leicht schwitze.

Ein Zyklus

Der Frühling

Und wieder ist es Mai geworden,
es weht aus Süden statt aus Norden.
Die Knospen an den Bäumen springen,
und Vogel, Wurm und Kater singen:
fidirallala, fidirallala.

Der Herbst

Und wieder ward es Herbst hienieden,
es weht aus Norden statt aus Süden.
Die Knospen an den Bäumen ruhen,
und auch die Kater haben nichts zu tuen.
Rallafididi, rallafididi.

Rechtschreibung

Delfine schwimmen schnell und leis
(man schreibt sie mit »ph« – ich weiß;
doch schreibt man ja auch Tele»f«on,
und das bereits seit langem schon) –
sie schwimmen (wie gesagt, mit »f«) –
sie schwimmen – vorn ihr alter Scheff
(wir schreiben schließlich auch »Schofför«) –
sie schwimmen also durch das Meer.

Was heißt durchs »Meer«? – Sogar durch »Meere«!
Und manche altgediente Mähre,
wie überhaupt so manches Ferd
(mit »V« wär es *total* verkehrt)
glaubt, es sei so schnell wie ein Delphien!
(Das zweite »e« ist schlecht für ihn.)

Ortogravieh – das sieht man hier –
ist nicht ganz leicht für Mensch und Tier!

Der Stier

Ein jeder Stier hat oben vorn
auf jeder Seite je ein Horn;
doch ist es ihm nicht zuzumuten,
auf so 'nem Horn auch noch zu tuten.
Nicht drum, weil er nicht tuten kann,
nein, er kommt mit dem Maul nicht ran!

Bel Ami

Etwas, was uns in dem Leben
jedes Mal mit Recht missfällt,
das ist das, wenn in der Neben-
wohnung eine Hündin bellt.
Ich ging also hin und schellte;
doch ich klagte ohne Grund,
denn was da so dauernd bellte,
war nicht Hündin, sondern Hund.
Hieß Ami und war ein Dober-
mann vom Scheitel bis zum Schwanz
und gehörte einem Ober-
lehrer. (An der Türe stand's.)
Der Ami war so bescheiden
und so lieb, dass ich verzieh:
»Lieber Freund, ich mag dich leiden,
wenn du willst, dann bell, Ami.«

Der Angler

Ein Angler steht am See,
er hält die Angel in die Höh,
will fangen einen Barsch,
das Wasser steht ihm bis zum Knie.

(Reimen tut sich das erst, wenn die Flut kommt.)

Der Spatz

Es flog ein Spatz spazieren
hinaus aus großer Stadt.
Er hatte all die Menschen
und ihr Getue satt.

Er spitzte keck den Schnabel
und pfiff sich was ins Ohr.
Er kam sich hier weit draußen
wie eine Lerche vor.

Er traf hier auch manch Rindvieh,
sah auch manch Haufen Mist …
Er sah, dass es woanders
auch nicht viel anders ist.

Der Maulwurf

Auf Gottes bunter Erdenkruste
bewegt sich Löwe, Hund und Kalb,
der Maulwurf aber, der bewusste,
bewegt sich weiter unterhalb.
Er kümmert sich nicht um Gerüchte,
bohrt sich sein Loch und denkt nicht viel,
auch sehnt er sich nicht nach dem Lichte.
Was über ihm ist, lässt ihn kühl!

Die Eule

Eine Eule saß und stierte
auf dem Aste einer Euche.
Ich stand drunter und bedachte,
ob die Eule wohl entfleuche,
wenn ich itzt ein Steunchen nähme
und es ihr entgegenschleuder?
Dieses tat ich. Aber siehe,
sie saß da und flog nicht weiter.
Deshalb passt auf sie die Zeule:
    Eule mit Weule!

Die Gazelle

Schreckerstarrt verharrt die Gazelle,
die den Durst an schattiger Stelle
stillt –
denn es naht der König der Tiere.

Aufrichtend das Haupt und alle viere
weit um sich werfend, entfernt
sich sprunghaft das ängstliche Wild,
kunstvoll gehörnt.

Knabe mit erkältetem Käfer

Auf meiner linken Schulter sitzt
ein Käfer, rot mit schwarzen Tupfen.
Er ist vom Fliegen ganz erhitzt,
nun kriegt er sicher einen Schnupfen.
Ich nehm ihn in die Hand und renn
mit ihm nach Haus über die Wiesen.
Er muss sofort ins Warme, denn
ich höre ihn bereits schon niesen.

Der Kuckuck

Der Kuckuck ist ein scheues Reh,
man sieht ihn selten aus der Näh!
Kommt wer, egal von welcher Seite,
so sucht der Kuckuck flugs das Weite.
Er ist nämlich ein wenig bange,
dass man ihn töte oder fange.
In diesem Punkt – warum verschweigen? –
ist unser Vogel etwas eigen.

Esst mehr Fisch

Das Meer reicht bis zum Strande
und dann verläuft's im Sande
ganz plötzlich und abrupt.

In ihm gibt's viele Fische,
die essen wir bei Tische
gekocht und abgeschuppt.

Doch wozu gibt's die Gräten?
Sie wären nicht vonnöten,
sie schmälern den Genuss.

Denn bleibt mal eine stecken,
so kann man leicht verrecken –
viel eher, als man muss!

Ein Traum

Ich schlaf nicht gern auf weichen Daunen;
denn statt des Märchenwaldes Raunen
hör ich im Traume all die kleinen
gerupften Gänschen bitter weinen.
Sie kommen an mein Bett und stöhnen
und klappern frierend mit den Zähnen,
und dieses Klappern klingt so schaurig ...
Wenn ich erwache, bin ich traurig.

Der alte Wolf
Auch 'n Märchen

Der Wolf, verkalkt und schon fast blind,
traf eine junge Dame:
»Bist du nicht *Rotkäppchen*, mein Kind?«
Da sprach die Dame: »Herr, Sie sind – – – !*
Schneewittchen ist mein Name!«

---

* *– – – wohl blöd? wollte sie sagen. Aber so etwas*
 denkt *eine Dame nur!*

»Schneewittchen? Ach, dann bist du die
mit diesen 7 *Raben*?«
Sie antwortete: »Lassen Sie
sich lieber gleich begraben!
Mit 7 *Zwergen* hatt ich mal
zu tun – das waren nette … !«
»Ach ja! Du durftest nicht zum Ball,
und *Erbsen* waren nicht dein Fall,
besonders nicht im Bette …!«

Da lachte sie hell ha-ha-ha,
dann: »Darf ich Sie was fragen?
Sie fraßen doch die *Großmama*,
wie hab'n Sie die vertragen?«

»Das ist nicht wahr, dass ich sie fraß,
ich krümmte ihr kein Härchen!
Die Brüder *Grimm*, die schrieben das
für kleine Kinderchen zum Spaß –
das sind doch alles Märchen …!«

Meine Tante

In dem Land, wo die Fakire
tagelang auf Nägeln sitzen,
und wo ziemlich wilde Tiere
durch den dichten Urwald flitzen,
und wo Elefanten leben,
hat man selten Tanten leben.
Meine aber wohnt in Indien,
und von ihr will ich verkündien.

Sie bewohnt dort eine Villa,
die die Palmen ganz verdecken.
Neulich kam mal ein Gorilla,
meine Tante zu erschrecken.
Aber als er sie gefunden,
kriegt er 'n Schreck – und war verschwunden!
Reize hat sie nicht, 's ist richtig,
aber Geld, und das ist wichtig.

Abends badet um halb sechse
sie im Quell, sich zu erquicken,
und die tropischen Gewächse
schützen sie vor fremden Blicken.
Mit des Quells geduld'gen Wellen
wäscht sie sich an allen Stellen,
hüllt sich dann in weißes Linnen,
niest ganz kurz und geht von hinnen.

Die Turmuhr

Bläst um unsrer Kirche Turm
aus Nordwest ein starker Sturm,
geht die Turmuhr überm Dach
immer nach, immer nach.

Wenn der Sturm sich aber dreht,
von der andern Seite weht,
und man blickt zur Uhr empor,
geht sie vor, geht sie vor.

Bläst jedoch der Sturm voll Zorn
mal ganz anders: mal von vorn,
kann man an den Zeigern sehn,
sie bleibt stehn, sie bleibt stehn.

Wenn der Sturm sich aber legt
und kein Lüftchen sich bewegt,
und man schaut zur Turmuhr flüchtig,
geht sie richtig, geht sie richtig.

Lieder der Wüste

1
Die Sonne brütet,
als sei sie ein Vogel,
der auf seinen Eiern sitzt
und schwitzt.

Ein Sandkorn betet.
Es möchte tiefer und tiefer
zu seinen Brüdern sinken
und trinken.

Wie weit ist Nirwana – – – ?

Über die Düne schreitet
ein Leu.
Blickt sich um, als wär er
hier neu …

Ich muss weiter, denn
aus der Ferne winken
Fata und Mutta Morgana – – –

2
Die Oase träumt im Schatten
hoher Palmen, deren Wedel
leise wippen, leise wippen.

Ein paar tote Menschenschädel,
die schon bessre Zeiten hatten,
liegen rum, liegen rum.

Plötzlich kommen zwei Kamele:
erst ein großes schweren Schrittes,
dann ein kleines leichten Trittes.

Sie benetzen ihre Kehle
mit des Tümpels trüber Soße.

Dann enteilen die Kamele:
erst das kleine, dann das große.[*]

---

[*] *Diese Neudichtung eines uralten Studentenulks ist tunlichst am Klavier vorzutragen, wobei das große Kamel durch tiefes »plum-plum«, das kleine durch hohes »plim-plim« zu charakterisieren ist. Bei der letzten Zeile empfiehlt es sich, während der Worte »... dann das große« sich vom Klavier zu erheben und wegzugehen. Ein paar lachen dann immer.*

Der Strohhut

Er hatte etwas blaues Blut
und Schmisse auf den Backen.
Der Strohhut aber stand ihm gut,
trug er ihn keck im Nacken.

Und tanzte er nach »In The Mood«,
stand er auf fremden Füßen.
Der Strohhut aber stand ihm gut,
nahm er ihn ab beim Grüßen.

Er sagte statt »Statut« – »Schdadut«,
er war nämlich aus Sachsen.
Der Strohhut aber stand ihm gut –
wie aus dem Kopf gewachsen.

Bei Opa

Der Opa ist ein frommer Mann
und liest in seiner Bibel.
Die Oma schneidet nebenan
fürs Abendbrot die Zwiebel.
Der Opa ist ein frommer Mann
und weint ob seiner Sünden.
Auch Omama weint nebenan,
jedoch aus andern Gründen.

Danach

Ich reiste solo durch die Tropen,
sah Affen, Gnus und Antilopen
und – leider viel zu spät – den Tiger!
Er kam von hinten und blieb Sieger! –

Nun sitz ich hier im Paradiese
mit andern Engeln auf der Wiese.
Man ist sich noch ein wenig fremd.
Zwei Flügel wachsen durch mein Hemd – – –

Eine Beobachtung

Herrn, die allein, aber dafür zur späten
Stunde, eine Bar oder so was betreten,
reiten meist ein und dieselbe Masche:
Eine Hand steckt in der Hosentasche!

Ist das nun einfach Verlegenheit
oder ein Akt von Verwegenheit?
Wissen sie nicht »mit den Händen, wohin«
oder soll's heißen »Seht her, wer ich bin«?!

Möglich ist auch: Diese Herren von Welt
zähl'n noch mal heimlich ihr Taschengeld ...

Schöne Aussichten

Ich habe ein Fenster im Zimmer
(das Fenster, das hatt ich schon immer),
doch lohnte es nie, zum Fenster zu gehn,
denn meine Aussicht ist gar nicht so schön:
nur eine Mietskaserne!

Doch wie ich neulich, ganz aus Versehn,
kam in die Nähe vom Fenster zu stehn,
bemerkte ich plötzlich schräg vis-à-vis
ein weibliches Wesen so schön wie noch nie!

Nun guck ich ziemlich gerne ...

Der Frühling

Wie wundervoll ist die Natur!
Man sieht so viele Blüten,
auch sieht man Schafe auf der Flur
und Schäfer, die sie hüten.
Ein leises Lied erklingt im Tal:
Der müde Wandrer singt es.
Ein süßer Duft ist überall,
bloß hier im Zimmer stinkt es!

Heimliche Liebe

Wenn ich 'ne kleine Fliege wär,
dann hätte ich es nicht so schwer:
Ich würd mich – ohn' dich zu verletzen –
auf deine roten Lippen setzen.
Und würdest du – ohn' Überlegung –
durch eine kurze Handbewegung
mich kleines Ding verscheuchen wollen –
ich flöge fort, ohn' dir zu grollen.
Und fragt mich meine Frau, die Süße:
»Wieso hast du so rote Füße?«,
dann würd ich rot auch im Gesicht –
doch dich verraten – – – würd ich nicht …

Was duftet da?

Was duftet da in Wald und Feld,
dass man ganz dicht die Nas' hinhält?

Was klingelt da in Feld und Wald,
dass es bis ganz nach hinten schallt?

Was leuchtet da so leuchtend weiß?
Wies heißt? Ich weiß: Glöckchen des Mais!

Gerüchte um Gerichte

Es gibt Gerüchte,
dass Hülsenfrüchte –
in Mengen genommen –
nicht gut bekommen.

Das macht ja nichts, ich finde das fein!
Warum soll man nicht auch mal ein *Blähboy* sein?!

Die Mauritius

Herr Heinrich Franz von Ohnegleichen,
der sammelte gern Postwertzeichen
mit Zähnen und mit glatten Rändern
aus Übersee und andern Ländern
und klebte sie – alle vereinigt,
jedoch geordnet und gereinigt –
ins Album, wie man das so muss!
Nur fehlte die *Mauritius!*

Was hatte er nicht unternommen,
um diese Marke zu bekommen!!!
Ja, selbst als er der Minne frönte
mit Minna, die ihn arg verwöhnte,
so fragte er bei jedem Kuss:
»Hast du nicht die *Mauritius?*«

Bald brachte beiden Adebar
ein Kind, das zwar ein Mädchen war,
doch Heinrich fasste den Entschluss:
»Die nennen wir *Mauritius!* –
Gewiss, der Name passt nicht recht
für'n Kind von weiblichem Geschlecht –
doch sei's! Zu End sei der Verdruss:
Ich hab eine *Mauritius!*« –

Sehr früh schon ging das Mädchen gern
in Bars, damit es tanzen lern
und dadurch körperlich erstarke!
Na, sie wurde vielleicht 'ne Marke – – –

Der General und sein Hemd

Es wollte der Herr General
ein Unterhemd belohnen,
und er befahl dem Wäscheschrank,
dem Festakt beizuwohnen!
Es traten zum Appelle an
der Hemden bunte Scharen –
mit Ausnahme derjenigen,
die grade schmutzig waren!

Er sprach: »Ich will heut eines Hem-
des Dienste anerkennen
und dieses tapfre Unterhemd
zum Oberhemd ernennen!
Ich hab's getragen sieben Jahr,
ich will's nicht tragen länger!
Es wurde mir ein guter Freund,
jedoch am Bauche enger!«

Er steckte ihm den Orden an
vom »Hemdenband mit Schnalle«!
Die Hemden riefen, was man ruft
dreimal in solchem Falle:
»Hurra! Hurra!«, und nochmals: »Rra!«
Das Oberhemd sprach: »Danke!«,
und dann verschwands im *höheren*
Regal vom Wäscheschranke!

Bäume im Wald

Bäume, die lange zusammenstehen,
können sich bald nicht mehr riechen und sehen,
weshalb oft Tannen, ja manchmal selbst Eichen
wünschen, sie könnten ganz heimlich entweichen;
doch – da sie fest mit dem Erdreich verbunden
kraft langer Wurzeln, die man unten gefunden,
und deshalb stehn müssen stramm wie Soldaten –
müssen sie leider des Wunsches entraten.

Das Echo

Das Echo liegt im Felsenspalt
und schläft, mit Schnee bedeckt.
Solang es Winter ist und kalt,
wird es nicht aufgeweckt.

Doch wenn der Schnee geschmolzen ist,
du, lieber Enzian, grünst,
und mutig jodelt der Tourist,
hats Echo wieder Dienst.

Am Kamin

Es gibt recht viele, die noch immer
vom englischen Kamine schwärmen.
Er kann so leidlich zwar das Zimmer –
doch ich mich nicht für ihn erwärmen.

Wenn ich vor solchem Möbel sitze
– ich muss das wirklich mal erwähnen –,
so hab ich vorne große Hitze
und klappre hinten mit den Zähnen. –

Sitzt du jedoch bei mir ganz dicht,
legst um mich deinen lieben Arm,
dann gilt das, was ich sagte, nicht – – –
dann hab ich es auch hinten warm!

Schwer

Ein schwerer Krankheitsfall hienieden
sind zweifellos Hämorrhoiden,
denn es ist schwer, sie zu vertreiben –
noch schwerer aber, sie zu schreiben.

Der Mathematiker

Es war sehr kalt, der Winter dräute,
da trat – und außerdem war's glatt –
Professor Wurzel aus dem Hause,
weil er was einzukaufen hat.

Kaum tat er seine ersten Schritte,
als ihn das Gleichgewicht verließ,
er rutschte aus und fiel und brach sich
die Beine und noch das und dies.

Jetzt liegt er nun, völlig gebrochen,
im Krankenhaus in Gips und spricht:
»Ich rechnete schon oft mit Brüchen,
mit solchen Brüchen aber nicht!«

An meine Brille

Ich wäre glatt verloren,
wärst du nicht stets bei mir.
Du hängst an meinen Ohren
grad so, wie ich an dir.

Ich trag dich, wenn auf Zehen
die Nacht sich niedersenkt.
Dann kann ich besser sehen
den Traum, der mich umfängt.

Und wenn ich einst verschwinde
für immer, bleib bei mir.
Dass ich auch sicher finde
den Weg zur richt'gen Tür ...

Chor der Müllabfuhr

Kommt! Lasset von Tonne zu Tonne uns eilen!
Wir wollen dem Müll eine Abfuhr erteilen!

Auf! Machen wir, dass jede Tonne sich leere!
Wir sind dazu da, denn wir sind Müllionäre!
      Müllirallala, Müllirallala!

Dichter und Bauer

Es hat der junge Dichter
für heut genug gereimt,
drum löscht er alle Lichter,
legt sich ins Bett und träumt.
Er träumt von einer Mauer,
die ihm die Sicht verdirbt
und dann von einem Bauer,
in dem ein Vogel stirbt.

Kennst du den Ort?

Kennst du den Ort, wo es stets muffig riecht?
Dir feuchte Kälte in den Anzug kriecht?
Wo stolze Flaschen stehen voll des Weins?
Wo Dosen dösen mit dem Schmalz des Schweins?
Wo Spinnen kunstgerecht die Wand »benetzen«,
und wo kein Stuhl ist, sich mal hinzusetzen?
Wo Kohlen frierend in der Ecke liegen?
Wo die Kartoffeln edle Keime kriegen,
die Waschmaschine wäscheharrend steht
und wo des Wassers Haupthahn leise kräht?
Kennst du den Ort? O Fremdling, sprich!!
Du kennt ihn nicht? – Nun, aber ich!

Dünne Luft

Ich sitz in fast viertausend Meter Höhe,
doch meine Stimmung ist so ziemlich down ...
Die Luft ist dünn, das macht ganz schrecklich müde –
den Zustand merken Sie an diesem Liede:
Mir ist, als wär vor meinem Kopf ein Zaun ...

Doch *ohne* Zaun klafft dicht vor mir ein Abgrund!
Ist er es wert, dass man ihn überhaupt erwähnt?!
Nun, ich schreib dies Gedicht hin als Etüde ...
Die dünne Luft macht wirklich einen müde –
sogar der Abgrund gähnt ...!

Von A bis E

Herr Afeu frug Herrn Befeu:
»Wo bleibt denn bloß Herr Cefeu?«
Da sprach Herr Befeu: »Cefeu?
Der sitzt mit Fräulein Defeu
dort unten hinterm Efeu!«

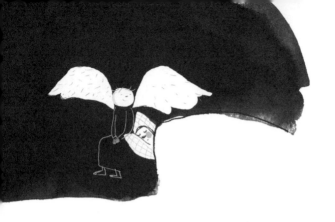

Der kleine Engel

Geht ein kleiner Engel
durch das kleine Haus.
Löscht die kleinen Lichter
und die Lampe aus.

Drückt die müden Augen
sanft und heimlich zu,
spannt die bunten Träume
über deine Ruh.

Hält zu deinen Häupten
dann die ganze Nacht
mit zwei weißen Flügeln
treu und lautlos Wacht.

Wandrer am Morgen

Morgens, wenn noch alle schlafen
und noch alles liegt in Ruh,
geht der Wandrer aus dem Hause
und dem fernen Ziele zu.
Gar nichts rührt sich,
gar nichts regt sich,
selbst der Wind ist noch nicht wach –
nur die frühen Lerchen singen,
und der Wandrer macht es nach ...

Wandrer am Abend

Abends, wenn schon alle schlafen
und schon alles liegt in Ruh,
geht der Wandrer aus dem Hause
und dem nahen Ziele zu.
Gar nichts rührt sich, gar nichts regt sich,
selbst der Wind schläft schon ganz fest –
nur der Wandrer in der Kneipe
singt, solange man ihn lässt.

Die Gardinenpredigt

An den blumigen Gardinen
hängen Reste deiner Predigt,
und seitdem du sie gehalten,
bin ich für die Welt erledigt.
Einsam schleich ich durch die Landschaft.
Und der Schwager und die Nichten
zeigen nun auf mich mit Fingern,
statt mich wieder aufzurichten.
Bis zur nächsten großen Wäsche
muss ich meine Wohnung meiden,
denn ich kann diese Gardinen,
die geblümten, nicht mehr leiden!

Rezept

Besitzt du Senkfüße, schluck Pillen,
und du bist platt: Sie helfen gleich!

Auch gegen sonstige Bazillen
gebrauch nicht Fenchel und Kamillen!
Vergiss das Zeugs um Himmels willen!

Des Menschen *Pille* ist sein Himmelreich!

An einen Nichtschwimmer

Du kannst nicht schwimmen? Ah, deshalb kriegen
dich nicht Baldrian, nicht Kampfer
auf einen Dampfer!
Doch neulich hast du ein Flugzeug bestiegen!
Kannst du denn fliegen? ...

Fußball

Vierundvierzig Beine rasen
durch die Gegend ohne Ziel,
und weil sie so rasen müssen,
nennt man das ein Rasenspiel.

Rechts und links stehn zwei Gestelle,
je ein Spieler steht davor.
Hält den Ball er, ist ein Held er,
hält er nicht, schreit man: »Du Toooor!«

Fußball spielt man meistens immer
mit der unteren Figur.
Mit dem Kopf, obwohl's erlaubt ist,
spielt man ihn ganz selten nur.

Milch

Es bot der arme Trödlersmann
dem Grafen ein Gemälde an,
das zeigte farbig, froh und frisch
zwei Gläser Milch auf einem Tisch.
Der das gemalt, war namenlos –
das Bild dagegen rahmenlos.

Da sprach der Graf zum Trödlersmann:
»Was fang ich ohne Rahmen an?
Der Rahmen ist das A und O –
für dieses Machwerk sowieso!
Und dann der Preis! Ganz unerhört!
So viel sind zwei Glas Milch nicht wert!
Und außerdem fehlt, wie ich sag,
der Rahmen! Also – guten Tag!«

Da packte unser Trödlersmann
das Bild ein und sprach traurig dann:
»Wie doch 's Interesse gleich erlahmt
an Milch, ist sie, wie hier, entrahmt!«

Der Vielaß

Ach, ein Unglück ohne Frage
ist das Essen, doch bei Tage
kann der Mensch nicht ohne dem
sein, und das ist unbequem.
Durch des Mundes enge Schleuse
zwängt mit Mühe man die Speise,
bis sie – klein und weich zerlutscht –
tiefer in den Magen rutscht.
Bald bemerkt man, nicht erheitert,
dass der Bauch sich stark erweitert,
und mit sauerem Gesicht
stellt man fest, dass das Gewicht
sich bedenklich hat verschoben,
und zwar leider Gott's nach oben.

Moral:
Alles im Leben geht natürlich zu,
nur die Hose geht natürlich nicht zu!

Vom Alten Fritz

Vom Alten Fritz, dem Preußenkönig,
weiß man zwar viel, doch viel zu wenig.

So ist es zum Beispiel nicht bekannt,
dass er die *Bratkartoffeln* erfand!

Drum heißen sie auch – das ist kein Witz –
Pommes Fritz!

Vorsicht beim Öffnen

oder

Im Osten nichts Neues

Im Osten, das ist nicht gelogen,
wird auch so mancher Zahn gezogen,
doch zieht der Zahnarzt ihn, wie dumm,
nur durch die Nase! Und warum?
Weil man verbot – es ist zum Lachen! –
den Mund dort drüben aufzumachen!

Ausgefallenes

Man hat ganz oben auf dem Kopfe
viel tausend Poren, dicht bei dicht.
Und nun – das ist das Wunderbare:
aus diesen Poren wachsen Haare!!!
Oder auch nicht.

Witzbolde

Es gibt eine Sorte von Menschen –
von zwanzig sind's wohl mehr als zehn! –
die fragen dich, wenn sie dich treffen
(egal, wo es ist): »Kennen Sie den?«

Und dann erzählen sie Witze,
Witze am laufenden Band,
die einen, die sind nicht zum Lachen,
die anderen sind dir bekannt.

Die besten davon sind politisch,
die meisten aber obszön.
Du windest dich höflich und stammelst:
»Wie lustig! Wie köstlich! Wie schön!«

Laut lachend verschwinden die Bolde,
stolz über ihren Humor –
dabei besitzen sie keinen:
Es kommt ihnen nur so vor.

Warum die Zitronen sauer wurden

Ich muss das wirklich mal betonen:
Ganz früher waren die Zitronen
(ich weiß nur nicht genau mehr, wann dies
gewesen ist) so *süß* wie Kandis.

Bis sie einst sprachen: »Wir Zitronen,
wir wollen groß sein wie Melonen!
Auch finden wir das Gelb abscheulich,
wir wollen rot sein oder bläulich!«

Gott hörte oben die Beschwerden
und sagte: »Daraus kann nichts werden!
Ihr müsst so bleiben! Ich bedauer!«
Da wurden die Zitronen sauer …

Das Lachen

Kein Tier vermag sich *lachend* zu zeigen,
ob es nun kräht, quäkt, miaut und bellt –
das Lachen ist nur dem *Menschen* eigen
und deshalb nicht von dieser Welt …

Oben ohne

Natur ist immer dort sehr schön,
wo Bäume ihr zu Berge stehn,
und wenn der Wind behutsam leicht
wie'n Kamm durch diese Bäume streicht.

Doch wo die Berge kahl und steinig,
da ist nichts los! – Sei'n wir doch einig,
dass Schönheit meistens nicht viel zählt,
wenn's oben fehlt!

Was wär ...

Was wär ein Apfel ohne -sine,
was wären Häute ohne Schleim,
was wär die Vita ohne -mine,
was wär'n Gedichte ohne Reim?

Was wär das E ohne die -lipse,
was wär veränder ohne -lich,
was wären Kragen ohne Schlipse,
und was wär ich bloß ohne dich?

Das Fenster

Es traf sich so, dass sie sich trafen.
Er fragte, ob – – –, sie sagte: »Nein,
es geht nicht, meine Eltern schlafen!«
Dann ließ sie ihn zum Fenster rein.

Es zog durchs Fenster ... Nun, man schloss es ...
Nun zog es nicht mehr ... Man genoss es ...

Doch als sie sprach: »Geliebter Gangster,
wir sind verlobt, nun bist du mein«,
schlug er von innen erst ihr Fenster
und dann den Weg nach Hause ein.

Der Berg

Hätte man sämtliche Berge der ganzen Welt
zusammengetragen und übereinander gestellt,
und wäre zu Füßen dieses Massivs
ein riesiges Meer, ein breites und tief's,
und stürzte dann unter Donnern und Blitzen
der Berg in dieses Meer – – – na, das würd spritzen!

Ampeln

1
Wir hatten einst – die Zeit ist tot –
als Landesfarben Schwarz-Weiß-Rot.

Dann hat man sie nicht mehr gewollt,
und wir bekamen Schwarz-Rot-Gold.

Doch diese übersieht man fast
in unsrer Zeit voll Kampf und Hast.

Die Farben, die sich heute ziehn
durch unser Sein, sind Rot-Gelb-Grün.

2
Wenn wir uns ans Steuer setzen,
um zum Arbeitsplatz zu hetzen,
können wir nur höchstens schleichen,
denn uns hindern viele Zeichen.

Ganz besonders sinds die Ampeln,
die auch Radfahrer beim Strampeln
und selbst Fußgänger, die gämsen-
gleich hinüberwollen, bremsen.
Vom Direktor bis zum Penner
sind wir nichts als Ampelmänner!

3
Dort, wo eine Kreuzung droht,
hat man selten Grün, meist Rot.
Und so schön das Rot auch schien,
man ist diesem Rot nicht grün.

Doch wenn Grün kommt, und man kann,
hat der liebe Vordermann
– solche Fälle sind verbürgt! –
seinen Motor abgewürgt.

Bracht in Gang er endlich ihn,
und man kann, ist nicht mehr Grün.
Schuld ist vorne der »Idiot«! –
Bis man Grün hat, sieht man rot!

Die Polizei im Wandel der Zeiten

Solange wir Menschen auf Erden leben,
hat es schon immer Polizei gegeben!

Es ist ja bekannt, dass der erste Polizist
der Erzengel Gabriel gewesen ist.
Er hat uns, so steht es im Buche geschrieben,
eines Apfels wegen aus dem Paradiese vertrieben.
Seitdem fühlt die Polizei – grad bei Kleinigkeiten –
sich bemüßigt, gar strenge einzuschreiten!

Schon im alten Rom – so vor 2000 Jahren –
wurde manchmal etwas zu schnell gefahren,
also war's klar, dass der uniformierte
Beamte sich erst mal die Nummer notierte.
Dann drohte er mit erhobenem Finger
und sagte: »Na, Sie machen ja schöne Dinger!«
Hierbei bediente er sich, wie alle Einwohner Roms,
natürlich des lateinischen Idioms.

Die Jahrhunderte waren dahingegangen
und das 20. hatte angefangen!
Es wuchs die Bildung, der Schnurrbart, die Gartenlaube,
es wuchs aber auch die Pickelhaube!
Es hagelte Schimpfe und Strafmandate:
Die Polizei war ein richtiger Staat im Staate!
Und die Bürger sagten zwischen Weinen und Lachen:
»Nee, mit *dem* Staat ist kein Staat zu machen!«

Das 2. und 3. Reich waren zerronnen!
Es war alles verloren – nur *eines* gewonnen,
nämlich die Überzeugung: Es muss hier auf Erden
alles – auch die Polizei muss anders werden!
Sie hat sich entbartet, sie hat sich entpickelt,
sie hat sich zum Freunde und Helfer entwickelt!
Hilft freundschaftlich tragen des Bürgers Last:
Sie fasst nicht mehr *fest* – sie fässt nur noch *fast!!*
Sie drückt oft ein Auge zu bei kleinen Vergehn,
von den vielen Ausnahmen natürlich abgesehn!

An einen Kollegen

Kennst du das große graue Haus
da draußen vor der Stadt?
Bist du erst drin, kommst du nicht raus,
weil alles Gitter hat.
Hat nie dein Herz vor Ängsten laut,
gingst du vorbei, gepocht?
Sei ruhig, wer nur Pointen klaut,
der wird nicht eingelocht!

Der Stein

Fast wär vom Dach ein Ziegelstein
mir auf den Kopf geflogen,
jedoch »es hat nicht sollen sein«:
Er machte einen Bogen.

Dass er das tat, ja, das war gut!
Doch hat der Fall bewiesen:
Man sei beständig auf der Hut
und geh nie ohne diesen!

Düsenlärm

Früher hatte man mit kranken Drüsen
oft zu tun –
heute lassen uns die lauten Düsen
nachts nicht ruhn!

Wie soll uns bei den Getösen
Schlaf erlösen!
Oder auch nur:
Wie soll man bei diesen bösen
Düsen dösen?

Frau Wirtin

Frau Wirtin hatte einen Tänza,
den kriegte, ach, die Influenza
in ihre bösen Fänge.
Nun lag mit vierzig er im Bett –
na, das war ein Gedränge ...!

An einen Hamsterer
1946/47

Es ist bestimmt in Gottes Rat,
dass man für jede böse Tat
muss leiden.
Da hast du nun mit Müh und List
gekriegt, was nicht zu haben ist,
doch wie gewonnen, so zerronnen:
Dein Hamstern kommt ans Licht der Sonnen.
Du wirst, fühlst du dich auch verletzt,
geschnappt, verhört und festgesetzt.
Das ist der Fluch der bösen Tat,
dass man vom Liebsten, was man hat,
muss scheiden.

Urlaub im Urwald

Ich geh im Urwald für mich hin …
Wie schön, dass ich im Urwald bin:
Man kann hier noch so lange wandern,
ein Urbaum steht neben dem andern.
Und an den Bäumen, Blatt für Blatt,
hängt Urlaub. Schön, dass man ihn hat!

Liebe Sonne

Nach so vielen Regenwochen
kamst du endlich vorgekrochen,
froh sind Menschen, Tier und Gras!

Schein auf unsre Mutter Erde,
dass sie wieder trocken werde,
liebe Sonne, tue das!

Trockne sie und unsre Tränen
und den Kuckuck, der ganz nass!
Schick uns nach langen Qualen
deines Fehlens alle Strahlen –
und besonders diese netten,
diese ultravioletten!

Liebe Sonne, schein uns was!

Warum der Saturn einen Ring hat

Unter all den Sterngebilden,
die in himmlischen Gefilden
– nachts kann man es deutlich sehen –
sich um uns und mit uns drehen,
unter diesen Sternen allen
wollt es dem Saturn gefallen,
dass er falsche Kreise zog
und ganz eigne Wege flog!

Als der liebe Gott das sah,
sagte er: »Was seh ich da?
Der kreist ja auf andre Weise?!
Na, sein Kreisen zieht noch Kreise!«
Und er rief mit Donnertösen
dem Saturn zu, diesem bösen:
»Sieh hier meine Zornesfalte!!!
Dass im Aug ich dich behalte,
wirst du, gleich und unbedingt,
für die Ewigkeit *beringt!*« –

Jahrelang zankten sich Leute
drüber, was der Ring bedeute –
jetzt erst, durch mein Opus endlich,
wird die Einrichtung verständlich!

Der rötliche Mars und die Venus

Früher zogen Mars und Venus
– wann es war, kann man nur ahnen –
eng beinander und in Liebe
ihre vorgeschriebnen Bahnen.

Plötzlich kam ein fremder Körper,
der sich zwischen beide zwängte
und den Mars von seiner Venus
– oder umgekehrt – verdrängte.

Dieser Fremdling war die Erde!
Und sie machte sich noch breiter,
und der Mars entschwand der Venus
immer weiter, immer weiter.

Und die Sehnsucht nach der Freundin
hat den Mars schon fast getötet;
doch – erblickt er sie von ferne,
sehn wir, wie er noch errötet ...

Der ferne Merkur

Du wandelst ...
Und handelst?
Falsch oder weise?
Und wie sind deine Preise?
Wer sind deine Kunden?
Wiegst ab du in Pfunden?
Oder gelten auf deiner Straße
andere Maße?

Ach, wüsste man's nur,
lieber Merkur!

Wie ist deine Währung?
Besitzt du auch eine Merkurische Nehrung?
Oder hat man sie dir genommen,
weil sie ein anderer bekommen?

Ach, man wüsste so vieles gern
von dir als Stern!
So ganz intern!
Doch bist du zu fern – – –

Ode an den Neumond

Scheine wieder, liebe Scheibe!
Bleibe
das, was von dir gewohnt:
Mond!

Wir, die wir dich sehen möchten,
fragen
uns seit Tagen
– oder besser doch – seit Nächten:
»Fürchtest du dich etwa vor den vielen
Projektilen,
die man auf dich unverdrossen
abgeschossen?«

Schön, man traf dich! – Doch wir hoffen,
Mond, du fühlst dich nicht getroffen!

Scheine wieder, liebe Scheibe!
Bleibe!

Mond über der Stadt

Ich hänge am Himmel und scheine – – –
Was soll ich auch anderes machen? ...

Die Stadt ist zu schnell,
zu laut und zu grell – – –
Neulich hielt mich eine ältere Dame
für Lichtreklame!

Wär's nicht so traurig, es wäre zum Lachen ...

Manchmal schießt man nach mir; doch die meisten
der weit gereisten
Raketen gehen daneben
und lassen mich leben.
Eben.
Eben kam wieder so eine – – –

Kein Pärchen mehr, das sich in meinem Lichte umschlingt ...
Kein Dichter mehr – außer diesem hier –, der mich besingt ...
Ich frage mich, was ich hier oben eigentlich soll!
Man nimmt, auch als Vollmond, mich nicht mehr für voll.

Wem soll ich noch leuchten? Wen soll ich bewachen?

Ich hänge am Himmel und scheine –
gar keinen besonderen Eindruck zu machen ...

Himmlischer Käse

Der Mond hing neulich oben
wie 'n Camembert,
genauso gelb und schimmlig
und rund wie der.
Doch wie ich heute hinguck,
seh ich, o Schreck,
da ist er gar nicht rund mehr,
ein Stück ist weg.
Es haben sicher Englein
an ihm genascht!
Dass so was Englein dürfen,
das überrascht.

Wolken

Die Wolken, die vorm Monde ziehn,
verdunkeln ihn,
und auch die Sonne unsrer Breiten
hat mit den Wolken Schwierigkeiten.

Wie soll der *Mensch* nun auf der bösen
Welt kämpfen und Probleme lösen
mit seinem kleinen dummen Hirn,
wenn selbst das göttliche Gestirn,
die *Sonne,* täglich resigniert
und ihren Kampf
verliert
gegen ein bisschen Wasserdampf ...?!

In eigner Sache

Ich häng oft den Gedanken nach,
die teilweise stürmisch, teils gemach
die Gänge meines Hirns erfüllen.
Doch denken kann ich nur im Stillen.

Im Wald zum Beispiel! Zwischen Bäumen,
dort kann ich dichten, kann ich träumen.
In Gegenwart von Baum und Tier,
da kommen die Gedanken mir.

Allein, inmitten jener Wesen,
die schreiben können und auch lesen,
die lieben können, doch nur hassen,
fällt mir nichts ein, da muss ich passen!

Das Glück

Siehst du das Glück, lauf hinterher.
Sei dazu – nicht zu träge.
Bedenk – das Glück geht meist
recht eigenart'ge Wege.
Wenn du mit Laufen nichts erreichst,
so kriech, wenn man dich kriechen lässt.
Gib niemals auf, greif nach dem Glück.
Und hast du Schwein – dann halt es fest.

Es ist nicht alles Gold, was glänzt

Oft glänzt der Himmel strahlend blau,
und oft glänzt eine Hose,
oft glänzt die Nase einer Frau
vor dem Gebrauch der Puderdose.
Durch Abwesenheit glänzt das Glück!

Durch Bohnern glänzt die Diele –
man rutscht drauf aus und bricht's Genick!
(Zu großer Glanz ist nichts für viele!)

Schicksal

Er war ein großer General
und außerdem einsachtzig,
und kam's zum Kampf, und er befahl,
dann wendete die Schlacht sich.

Er stürmte immer vorneweg,
selbst gegen schwerste Panzer,
und oft lag er im selben Dreck
wie nebenan der Landser.

Er hat in Afrika geschwitzt,
in Norwegen gefroren.
Er hat dem Feind den Sieg stibitzt,
den Krieg jedoch verloren. –

Er war ein großer General!
Sein Ruhm ging in die Binsen;
man kennt ihn heute nicht einmal
dort, wo er wohnt: in Winsen.

Polygam

Wenn einer viele Frau'n sich nahm,
so nennt man so was »polygam«,
genügt ihm aber eine schon,
nennt man den Zustand »monoton«.

Das Dings

Mitten in Ägyptens Wüste
steht ein riesengroßes Dings,
hinten Löwe, vorne Dame,
jeder weiß: Das ist die Sphinx.

Sehnsuchtsvoll in Richtung Westen
schaut sie steinernen Gesichts.
Würde sie nach Osten gucken,
wär's egal: Auch da ist nichts ...

Das Konzert

Frau Fauna und Frau Flora
spiel'n am Pianoforte
vierhändig und nach Noten
»Lieder ohne Worte«.

Frau Fauna hat die Melodie.
Frau Flora rankt sich drumherum.
Der Mensch hört zu und applaudiert.
Und Gott blättert die Seiten um.

Die Lore

Die Lore fuhr ums Morgenrot
hinab zu ihrer Sohle.
Nach kurzer Zeit kam sie zurück
bis obenhin mit Kohle.

Und gleich drauf fuhr sie wieder los
und holte neue Ware.
Das machte sie tagein, tagaus
und nachts und viele Jahre – – –

Nun ruht sie aus, nach vorn gekippt;
zu Ende ist die Reise.
Fragt nicht nach Dank, nicht nach Gewinn,
sie rostet langsam vor sich hin
auf einem toten Gleise …

Leicht zu sagen

Du irrst, wenn du sagst, es sei leicht,
was *Leichtes* hinzuschreiben,
was lustig – aber nicht zu seicht –
die Sorgen hilft vertreiben.

Leicht ist, ich bitt dich zu verzeihn,
das so genannte *Ernste*,
das braucht nicht angeborn zu sein –
das kannste bald, das lernste!

Hirngespinst

Eine runde weiche Sache
ist das Hirn bei Frau und Mann,
und es ist nicht auszudenken,
was man damit denken kann.
Aber leider kennen viele
nicht den Wert dieser Substanz:
Hilflos gehen sie durchs Leben
wie 'ne Katze ohne Schwanz.

Schüchternheit

Als Kind – zu meiner Eltern Leid –
litt ich an großer Schüchternheit.
Als Gymnasiast dann – farbumbändert –
hatte sich darin nichts geändert.
Auch nach dem ersten Kuss – mit Ellen –
war keine Bessrung festzustellen.
Im Alter erst – beim Kampf ums Leben –
hat sich die Schüchternheit gegeben!

Doch weiß ich: Tritt der Tod herein
und spricht zu mir: »Komm mit, mein Sohn!«,
und führt mich vor des Höchsten Thron,
werd ich wieder ganz schüchtern sein – – –

Langes Wochenende

Nicht alle, aber viele streben
danach, nach Gottes Wort zu leben.

Man geht zur Kirche, liest die Bibel
und weiß dadurch, was gut, was übel,
und ist bemüht von ganzem Herzen,
die Sünde restlos auszumerzen.

Doch *ein* Gebot, trotz Buß' und Beten,
hat man schon öfters übertreten,
und dies Gebot, das man verletzt,
heißt so – von Luther übersetzt –:

»Sechs Tage lang sollst du was tun,
am siebten aber sollst du ruhn!«
An keiner Stelle wird gesprochen
von unseren *Fünf*-Tage-Wochen! –

Klar, dass für jeden frommen Christ
das lange Weekend *Sünde* ist!

Ankunft in Frankfurt

Fast zu jeder Jahreszeit,
ob es warm ist oder schneit,
findet in der Messestadt
Frankfurt eine Messe statt.

Baltische Aufforderung*

Schatzchen! Komm mit mir auf Wiese,
Sonnchen strahlt und Blume sprießt!
Übern Arm nimm Schirm und Mantel,
falls der Fall kommt, dass es gießt!

Unter uns wird Mantel liegen,
unterm Schirm, da werden wir.
Keiner kann dann nichts was hören,
was ich sag – und was du mir ...

---

geeignet ab 18

Das glückliche Leben

Nein, wir hatten nichts zu rauchen.
Was da rauchte, waren Trümmer.
Und dann rauchten wir Machorka,
und der Hunger wurde schlimmer. –

Doch bald wurde es dann besser.
Wieder rauchten alle Schlote.
Und wir reisten nach Mallorca
mit dem Flugzeug oder Boote.
Und die Häuser wurden größer,
und die Autos wurden länger,
und wir wurden immer fetter
und die Städte immer enger.
Geld gab's viel für wenig Arbeit.
Alles gab's im Übermaße:
Freiheit, Fernsehn, Ferienreisen –
und die Toten auf der Straße.

Dort bin ich

Wisst ihr, wo ihr mich stets im Urlaub find't?
Nur immer dort, wo frohe Menschen sind!
Wo auch mal Wind die Birkenbäume biegt
und man auch sonntags frische Brötchen kriegt!

Anhänglichkeit

Das Kind hängt an der Mutter,
der Bauer an dem Land,
der Protestant an Luther,
das Ölbild an der Wand.
Der Weinberg hängt voll Reben,
der Hund an Herrchens Blick,
der eine hängt am Leben,
der andere am Strick ...

Es scheint so

Es scheint so, dass auf dem Planeten,
den wir so gern mit Füßen treten
und ihn dadurch total verderben –
dass also hier nur *Gute* sterben!

Denn: Las man je im Inserat,
dass ein Verblichner *Böses* tat?
Dass er voll Neid war und verdorben
und dass er nun mit Recht gestorben?

Es kann da keinen Zweifel geben:
Die Schlechten bleiben alle leben!

Das Schloss

Papst Paul war gestorben vor vierhundert Jahren
und ist dann, wie üblich, gen Himmel gefahren.
Und als er dort oben gut angekommen,
da hat er den güldenen Schlüssel genommen.
Es ist ja bekannt, dass früher und itzt
jeder Papst einen Schlüssel zum Himmel besitzt.

Doch siehe, der Schlüssel, der wollte nicht passen.
Der Petrus hat trotzdem ihn eintreten lassen
und sprach (sein Antlitz war bartumrändert):
»Der Luther hat nämlich das Schloss verändert ...!«

An einen Pessimisten

Jede Sorge, Freund, vermeide,
jedes Weh sollst du verachten.
Sieh die Lämmer auf der Weide:
Sie sind fröhlich *vor* dem Schlachten.
Ahnst du nicht, wie dumm es wär,
wären sies erst hinterher?

Ein Trauertag

Hunderttausend Menschen strömen
auf die Friedhöfe der Städte.
Die Gedanken gehn nach unten
und nach oben die Gebete.

Vater Staat hat uns befohlen,
heut der Toten zu gedenken –
ihnen Kränze oder Blumen
oder Tränen gar zu schenken!

Vater Staat mischt sich in alles,
selbst in die intimsten Dinge –
als ob der, der wirklich trauert,
nicht auch sonst zum Friedhof ginge ...

Großmamas Lied

Ich sitze da und stricke Strumpf. –
Und unterm Hause ist ein Sumpf.
Drum steht das Haus nach vorn geneigt,
so wie ein Geiger, wenn er geigt.
Ich seh Musik ganz in der Ferne
und höre über mir die Sterne,
das klingt in meinem Kopf so dumpf.
Ich sitze da und stricke Strumpf. –

Ein Nachruf

Du warst ein Musiker und Dichter,
ein Maler und Kaninchenzüchter;
doch trotzdem war's dir nicht gegeben,
den eignen Tod zu überleben. –
Wir wollen nur das eine hoffen,
dass du's dort oben gut getroffen!

Schule

Die Schule ist, das weiß man ja,
in erster Linie dazu da,
den Guten wie den Bösewichtern
den Lehrstoff quasi einzutrichtern;
allein – so ist's nun mal hienieden:
Die Geistesgaben sind verschieden.

Mit Löffeln, ja sogar mit Gabeln
frisst *Kai* die englischen Vokabeln;
Karl-Heinz hat aber erst nach Stunden
die Wurzel aus der Vier gefunden.

Und doch! *Karl-Heinz* als »dumm« verschrien,
wird Chef – und man bewundert ihn,
und *Kai,* in Uniform gezwängt,
steht an der Drehtür und empfängt
und braucht in Englisch höchstens dies:
»Good morning, Sir!« und manchmal: »Please!«

Hieraus ersieht der Dümmste klar,
dass der, der »dümmer«, klüger war!

In der Schule drüben

»Sagt mir, ihr lieben Jungs, geschwind,
wer wohl die beiden Großen sind,
die denen, die reich und bezopft,
erfolgreich auf den Busch geklopft?
Die man seit vorigem Jahrhundert
studiert, versteht, liebt und bewundert?
Die wir durch Wort und Bilder kennen?
Wie mögen sich die beiden nennen?!«

? ? ? ? – – – ? ? ? ?

»Ihr wisst es nicht, ihr dummem Bengels?
Die beiden heißen MARX und – – – ?!?«
Da meldet sich Hänschen Klein:
»Das könn'n nur *Marx und Moritz* sein!?!«

Perpetuum mobile

Und der Herbststurm treibt die Blätter,
die ganz welk sind, vor sich her,
und es ist so schlechtes Wetter – – –
ach, wenn's doch schon Winter wär!
Und es fallen weiße Flocken,
zwanzig Grad sind es und mehr,
und man friert in seinen Socken – – –
ach, wenns doch schon Frühling wär!
Und der Schnee schmilzt auf den Gassen,
und der Frühling kommt vom Meer,
einsam ist man und verlassen – – –
ach, wenns doch schon Sommer wär!
Und dann wird es schließlich Juli,
und die Arbeit fällt so schwer,
denn man transpiriert wie 'n Kuli – – –
ach, wenn es doch Herbst schon wär!
usw. usw.

Harte Schicksale

Wer sich mal in die Nesseln setzt,
ist erst erschrocken, dann verletzt,
erhebt sich mühevoll und schreit
nach bessrer Sitzgelegenheit.

Den Nesseln, auch wenn sie schön blühn,
sind weiche Stühle vorzuziehn.
Auf Weichem sitzt man stets apart ...

Nicht weich zu sitzen, das ist hart!

Sehnsucht

Ich sehne mich nach einem Häuschen
in Bayern oder an der Spree,
ein Zimmer braucht es nur zu haben,
dazu ein Bad und ein WC.
Im Zimmer würde ich notieren,
was ich beim Baden grad gedichtet,
und im WC würd dann das Machwerk
von mir gleich hinterrücks vernichtet.

Der Pflasterstein

Es liegt ein grauer Pflasterstein
auf der Chaussee, doch nicht allein;
denn wenn allein er läge,
dann läge er im Wege;
doch so, inmitten anderer,
erfreut er alle Wanderer.
Anstatt ihn dankbar nun zu grüßen,
tritt man mit Füßen ihn, mit Füßen ...!

Eichhorn

Warum heißt bloß das Eichhorn »Eichhorn«?
Denn weder hinten, geschweige vorn
hat es ein Horn oder dergleichen,
auch sieht man es nicht nur auf Eichen.
Ein Wort erscheint und tritt in Kraft,
sein Sinn jedoch bleibt schleierhaft.
So lässt mich noch etwas nicht ruhn:
Was hat der Mensch mit »Mensch« zu tun?

Pappis Wiegenlied

Schlafe ein, mein Schätzchen,
und träum von einem Kätzchen,
von Püppchen, bunten Steinchen,
schlafe ein, schlaf, Kleinchen!
Schlafe ein, mein Bübchen,
ein Engel geht durchs Stübchen
ganz leis auf nackten Beinchen,
schlafe ein, schlaf, Kleinchen!
Während nun der gute Mond am Himmel lacht,
sitzt dein Papi hier am Bettchen und bewacht
dich, mein holdes Schätzchen.
Es schlafen schon die Kätzchen,
die Püppchen und die Steinchen,
schlafe ein, schlaf einchen!

Gedanken an der Ostsee

Wie wär die Welt so wunderbar,
umspült vom blauen Meere,
wenn diese Welt, wies einstmals war,
ganz ohne Menschen wäre.
Dann gäbs kein Hoffen, kein Verzicht,
kein Hassen und kein Morden,
und wär bestimmt auch dies Gedicht
nicht hingeschrieben worden.

Drei Bilder

Zwei Bilder hängen, ach, an meiner Wand.
Das eine ist als »Eremit« bekannt,
das andere hingegen
zeigt eine Landschaft nach dem Regen.
Das dritte Bild ist nicht zu sehn,
doch trotzdem ist es wunderschön,
nie würd ich den Verlust verschmerzen:
Das dritte Bild trag ich im Herzen!

An Rolf

Du warst ein treuer Kamerad,
so treu, wie er im Buche steht.
Wir bummelten und spielten Skat,
dann wurden wir vom Wind verweht.

Dann wurden wir vom Wind verweht,
allein, ein Freund bliebst du mir nicht.
Ich wurde ja auch nur Poet,
du aber bist beim Amtsgericht.

Ein Weihnachtslied

Es ist Weihnachten geworden.
Kalter Wind bläst aus dem Norden
und hat Eis und Schnee gebracht.

Doch am Weihnachtsbaum die Kerzen,
die erwärmen unsre Herzen,
und des Kindes Auge lacht.

Und man sieht auf den verschneiten
Straßen weiße Engel schreiten
durch die stille, heil'ge Nacht.

Feste

Der Karpfen kocht, der Truthahn brät,
man sitzt im engsten Kreise
und singt vereint den ersten Vers
manch wohlvertrauter Weise.
Zum Beispiel »O du fröhliche«,
vom »Baum mit grünen Blättern« –
und aus so manchem Augenpaar
sieht man die Träne klettern.
Die Traurigkeit am Weihnachtsbaum
ist völlig unverständlich:
Man sollte lachen, fröhlich sein,
denn ER erschien doch endlich!

Zu *Ostern* – da wird jubiliert,
manch buntes Ei erworben!
Da lacht man gern – dabei ist ER
erst vorgestern gestorben …

Weihnachten 1944
(Als ich keinen Urlaub bekam)

Wenn es in der Welt dezembert
und der Mond wie ein Kamembert
gelblich rund, mit etwas Schimmel
angetan, am Winterhimmel
heimwärts zu den Seinen irrt
und der Tag stets kürzer wird –
sozusagen wird zum Kurztag –,
dann hats Christkindlein Geburtstag!
Ach, wie ist man dann vergnügt,
wenn man einen Urlaub kriegt.
Andrerseits, wie ist man traurig,
wenn es heißt: »Nein, da bedaur' ich!«
Also greift man dann entweder
zu dem Blei oder der Feder
und schreibt schleunigst auf Papier
ein Gedicht, wie dieses hier:

Die Berge, die Meere, den Geist und das Leben
hat Gott zum Geschenk uns gemacht;
doch uns auch den Frieden, den Frieden zu geben,
das hat er nicht fertiggebracht!
Wir tasten und irren, vergehen und werden,
wir kämpfen mal so und mal so ...
Vielleicht gibt's doch richtigen Frieden auf Erden?
Vielleicht grade jetzt? – – Aber wo? ...

Windmühlen

Schon seit den Tagen Don Quichottes
gibt's Windmühlen; doch leidergotts
sind sie, wie es so manchmal geht,
fast überall vom Wind verweht.
Man sieht sie äußerst selten drum,
und wenn, dann stehn sie nur herum.
Sie werden zwar noch gern *gemalt;*
doch *mahlen* macht sich nicht bezahlt!
Wer kauft noch *Mehl,* wenn morgens man
sich fert'ge Brötchen kaufen kann?
Auch alle übrigen Gebäcke
kriegt man beim Bäcker um die Ecke.

Drum mache man, ob Greis, ob Kind,
um Windmühlen nicht so viel Wind!

Das große Los

Wie man's auch dreht, wie man's auch nimmt,
das Los ist uns vorausbestimmt.

Wir wissen nicht, was kommt, was geht,
wie man's auch nimmt, wie man's auch dreht.

Wie man's auch dreht und nimmt und zieht,
wir wissen nicht, was uns noch blüht.

Das große Los blüht uns nicht oft,
wie man's auch dreht, nimmt, zieht und hofft.

Birnen

Birnen sind die schönsten Früchte,
die ein Denkerhirn erfunden;
denn mit ihrem weißen Lichte
schenken sie uns Tagesstunden
wieder, die wir sonst versäumen –
doch sie stören uns beim Träumen.
Deshalb Schluss, wir drehn am Schalter!

Und die Sonne seines Lebens
sucht der arme graue Falter
in der Finsternis vergebens ...

Mein Freund

Er war als Kind oft krank gewesen,
mein Freund, des Grafen Bamm sein Sohn.
Kaum war er von dem Mumps genesen,
bumps, hatte er die Masern schon.
Dann Scharlach, Diphtherie und Pocken,
mal brach er Speise, mal das Bein,
und ging er ohne Schuh und Socken,
so stellte sich gleich Grippe ein.

Die Viren lagen ständig auf der Lauer!
Mein Freund verlor gewaltig an Gewicht.
Er wurde langsam, aber sicher sauer
und starb. – Wer tät das nicht? ...

Wahrheit

Die schlechtesten Bücher sind es nicht,
an denen Würmer nagen,
die schlechtesten Nasen sind es nicht,
die eine Brille tragen.
Die schlechtesten Menschen sind es nicht,
die dir die Wahrheit sagen.

Schal und Rauch

Und der Rauch der Zigarette
kräuselt sich und steigt zur Decke,
und da oben wird er breiter.

Und nun sieht er deinem blauen
Schal so ähnlich, dem ich zürnte,
weil er *das* tat, was du ständig
mir verbotest, nämlich dieses:
dich ganz zärtlich zu umhalsen.

Doch nun ist der Rauch verflogen.
Nichts erinnert an den Schal mehr,
höchstens der Geschmack im Munde,
den ich habe, weil er schal ist.

Bilanz

Wir hatten manchen Weg zurückgelegt,
wir beide, Hand in Hand.
Wir schufteten und schufen unentwegt
und bauten nie auf Sand.
Wir meisterten sofort, was uns erregt,
mit Herz und mit Verstand.
Wenn man sich das so richtig überlegt,
dann war das allerhand.

Ein Standpunkt

Wenn du mit vieler Mühe
auf einen Berg gekraxelt bist,
so merkst du erst da oben,
wie schön es unten ist.
Doch hab es nicht zu eilig
mit dem Hinuntergehn;
es gibt nämlich nichts Schönres,
als Über-den-Dingen-stehn.

Glück bei Fraun

Ich hatte großes Glück bei Fraun
Ja – mir gefiel fast jede.
Man sieht hieraus, wie alt ich bin,
weil ich gern darüber rede.

Flecke

Gott, voller Weisheit, hehr und mild,
schuf uns nach seinem Ebenbild.
Gewiss, wir Menschen sind gescheit,
doch wo ist unsre *Menschlichkeit?*
Erscheint uns jemand edel, groß,
so täuscht das: Er verstellt sich bloß!
Erst wenn er Böses tut und spricht,
zeigt er sein wahres Angesicht! –

Um obiges nun zu beweisen,
lasst alphabetisch uns verreisen,
dann kann man sehn, was so geschah!
Wir fangen vorne an, bei A ! ! !

$\mathcal{A}$ *(Amerika)*

Amerika, du Land der Super-
lative und dort, wo James Cooper
zwar seinen »Lederstrumpf« verfasste,
man aber die Indianer hasste,
weshalb man sie, halb ausgerottet,
in Reservaten eingemottet,
sich dafür aber Schwarze kaufte,
sie schlug und zur Belohnung taufte,
doch heute meidet wie die Pest,
sie aber für sich sterben lässt
wie beispielgebend stehst du da
für *Menschlichkeit!* O USA!

B *(Briten)*

Jedoch auch sie, die vielen Briten,
die Schott- und Engländer, sie bieten
für unser Thema *Menschlichkeit*
so manchen Stoff seit alter Zeit!
Nur waren's statt Indianer Inder,
die sie ermordeten, auch Kinder;
und ähnlich Schreckliches erfuhren
danach die Iren und die Buren,
die man durch den Entzug des Fetts
verschmachten ließ in den Kazetts!
Jedoch bei Völkern, welche siegen,
wird so was immer totgeschwiegen ...

C *(Christen)*

Dann wäre da, bar jeden Ruhms,
so manche Tat des Christentums,
die, eben wegen seiner Lehre,
am besten unterblieben wäre!
Man denke da zum Beispiel an
Inquisition zuerst und dann
an Waffensegnung mit Gebeten,
um andre Gläubige zu töten!
Auch dieses: lieber Menschenmassen
verelenden und hungern lassen,
statt man Geburtenreglung übe –
auch das zeugt nicht von *Menschenliebe!*

D *(Deutschland)*

Nun: Wollt ihr, dass im Alphabet
es mit dem D jetzt weitergeht?
Ist es nicht besser, wenn ich ende?
Wascht nur in Unschuld eure Hände
und greift, kraft eigenen Ermessens,
zum güt'gen Handtuch des Vergessens ...

Doch hilft das Waschen nicht und Reiben:
Die Flecke bleiben!

Schimpfe nicht

Schimpfe nicht auf Sozialisten –
oder auf Nationalisten –
oder gar auf Klerikale –
und auch nicht auf Liberale!
Schimpf nicht auf die Kaisertreuen–
oder auf die Neo-Neuen – –
schimpfe nur auf jene, die's
Land regiern, als könnten sie's!

Die Attraktion

Altneusandsteinberg ist ein Nest,
das man sonst gern links liegen lässt;
doch sind *Begräbnisse* hier – seit's
die neue Glocke gibt – von Reiz!
Denn durch das *individuelle*
Geläut vom Turme der Kapelle
weiß sie die Besten und die Bös'ten
zu läutern, strafen oder trösten
und durch ihr löbliches Bestreben
den Friedhof quasi zu *beleben*.

Starb, wer nichts war als alt und krumm,
dann macht die Glocke einfach bum.
Doch war der Tote gläubig, fromm,
dann macht sie jubelnd bim-bam-bom!
War der Verblichene ein Schlimmer,
hört man von ihr nur ein Gewimmer.
Doch starb ein Kind und flog gen Himmel,
dann macht sie bummel-bammel-bimmel,
bummel-bammel-bimmel!

Altneusandsteinberg ist ein Nest,
wo man sich gern begraben lässt ...

Die Mitte

Ein kleines Verslein kam gegangen
und hat zu sprechen angefangen:
»Ich bin an deinem Tisch gewesen
und hab dein Manuskript gelesen:
Der Anfang ist ein wenig schwach,
dafür lässt dann das Ende nach.
Ich sei, gewähr mir diese Bitte,
in deinem Buch deshalb die Mitte!«

Zur Pause

Ich sag es ehrlich, oft geschah's,
dass ich im Leben was vergaß;
doch manches wiederum indessen
vergaß ich leider zu vergessen.
Was ich mit Recht vergessen sollte,
war, dass ich noch was dichten wollte.
Deshalb, o Muse, fleuch nach Hause,
ich mach jetzt ...
Zehn Minuten Pause

Der Friedhofsgeiger

Immer wenn die Totenglocke
läutete im Dorf, dann griff der
Friedhofsgeiger nach der Geige,
nach dem Bogen und dem Hute.
Und wenn leis der Sarg sich senkte,
stand er geigend an dem Grabe,
und die Trauergäste weinten,
und dann gaben sie ihm reichlich.

Plötzlich und ganz unerwartet
starb der Bäckermeister Wuttke
und der Apotheker Heinrich,
und noch viele andre folgten.
Auch den Volksschullehrer Meinke
trug man feierlich zu Grabe,
dem, so wusste man, nichts fehlte
als die Liebe seiner Schüler.

Niemand aber ahnte, dass der
Bäcker und der Apotheker
und der Lehrer und die andern
keines echten Todes starben,
weil der Friedhofsgeiger ihnen
in der Wirtschaft Gift ins Essen
schüttete, das festzustellen
schwer war für den Arzt des Dorfes.

Und weil in dem kleinen Orte
sonst nur selten welche starben,
gab der Geiger Hilfestellung,
da er von den Toten lebte.
Denn wenn leis der Sarg sich senkte,
stand er geigend an dem Grabe,
und die Trauergäste weinten,
und dann gaben sie ihm reichlich.

Fünfzig Pfund
Eine altenglische Moritat

»Nein, nicht aus Gold ist dieses Ding ...
Ihn schenkte einst ein Zaubrer mir.
Nur Unglück brachte stets der Ring,
doch einen Wunsch erfüllt er dir!
Zieh ihn vom Finger, wenn ich sterbe,
und hüte sorgfältig das Erbe ...«

So sprach der Inder und verstarb. –
Aus Indien kam Mister Lone
nun endlich wieder nach New-Sharp
zu seiner Frau und seinem Sohn.
Das Geld war knapp, die Armut stieg ...
Der Sohn ging täglich zur Fabrik ... –

»Sieh, Frau, dir diesen Ring mal an,
doch schweige, bitte, sag kein Wort,
denn hast du einen Wunsch getan
den Wunsch erfüllt er dir sofort!
Und schon entfuhr es ihrem Mund:
»Ach, hätten wir doch fünfzig Pfund!«

Zu spät! – Der Blick des Mannes ging
verzweifelt und entsetzt zu ihr:
»Nur *Unglück* bringt der böse Ring,
so sprach der Inder doch zu mir!«
»Ach, lieber Mann, denk nicht an den –
von fünfzig Pfund ist nichts zu sehn ...!«

»Ja, du hast Recht!« – Der Abend kam,
doch nicht der Sohn. – Beim Abendbrot
erschien sein Chef in Schwarz und nahm
den Hut ab, sprach: »Ihr Sohn ist tot ...
Ein Unglücksfall ... I'm sorry, und
wir zahlen Ihnen fünfzig Pfund ...!«

Kreuz und quer

Es sprach der junge Rittersmann:
»Was fang ich bloß zu Hause an?
Knapp, packe Sack und Kisten!
Wir ziehen an das Kriegsgewand
und ziehen aus in's Morgenland
im Namen aller Christen!«

Gesagt, getan! Sowohl der Knapp
als auch der Ritter reisten ab.
Sie reisten und sie reisten!
Sie trafen Regen, Sturm und Blitz;
jedoch im Morgenland die Hitz,
die störte sie am meisten!

Die trugen stolz der Rüstung Zier
und auch den Helm mit dem Visier,
obwohl sie transpirierten.
Und stand die Sonne im Zenit,
dann sangen sie ein frommes Lied –
das half, wenn sie marschierten!

Sie schlugen trotz der Übermacht
des Feindes ihn in einer Nacht
mit Mann und Ross und Wagen!
Es starb so mancher Heidenhund
im heißen Wüstensand aufgrund
der Kirche sozusagen.

Nach siebzehn Monden zogen dann
der Knappe und der Rittersmann
mit Sack und Pack und Kisten
heim ins gelobte Abendland
und zogen aus das Kriegsgewand
und wurden wieder Christen!

Auge um Auge

Stundenlanger Regen nieselt,
und es schmerzt schon das Gesäß,
und die Luft ist eingedieselt
durch die vielen LKWs.

Immer weiter! Keine Liebe
kennt man auf der Autobahn!
Wütend beißt sich das Getriebe
und der Mensch durch – Zahn um Zahn ...

Kinder

Kinder haben es so leicht,
haben keine Sorgen,
denken nur, was mach ich *jetzt*,
nicht, was mach ich *morgen* ...?

Kinder haben es so schwer,
dürfen niemals mäkeln
und sich wie der Herr Papa
auf dem Sofa räkeln ...

Kinder haben es so leicht,
dürfen immer spielen,
essen, wenn sie hungrig sind,
weinen, wenn sie fielen ...
Kinder haben es so schwer,
müssen so viel lernen und,
wenn was im Fernsehn kommt,
sich sofort entfernen ...

Kinder haben es so leicht,
naschen aus der Tüte,
glauben an den lieben Gott
und an dessen Güte ...
Kinder haben es so schwer,
müssen Händchen geben
und auf dieser blöden Welt
noch so lange leben ...

Pressefreiheit

Donnerstag

Der Wecker weckt, wie üblich, um sieben.

Du hast dir den Schlaf aus den Augen gerieben
und gehst dich waschen, vielleicht sogar baden,
auch eine Rasur kann heute nichts schaden.
Du ziehst dich, leis trällernd, sorgfältig an
und schreitest hinunter, ganz Vater, ganz Mann!
Begrüßt deine Frau, deren Sohn, dessen Schwestern –
du kennst sie ja schließlich noch alle von gestern –,
und so nehmt ihr denn Platz an dem Frühstückstisch. –
Der Kaffee ist warm, die Brötchen frisch.
Das Ei ist weich. – Du schmierst dir gerade
aufs Brötchen erst Butter, dann Marmelade,
da fällt – unter des Sehnervs bewährter Leitung –
dein Blick auf die heutige Morgenzeitung
und liest eine Schlagzeile, so wie diese:

> *Ein neuer Weltkrieg droht!*
> *Es kommt eine Krise!!!*

Kaum hast du das in dich aufgenommen,
schon ist der Kaffee dir hochgekommen!
Das Brötchen bleibt dir im Halse stecken,
und das Ei will nun auch nicht mehr richtig schmecken!
Dein gütiges Vaterlächeln ist jäh erstorben –
kurzum, deine Laune ist gründlich verdorben!
So schleichst du denn, deprimiert und nicht froh,
in dein Büro.

Freitag

Der Wecker weckt, wie üblich, um sieben.

Er hat dich recht roh aus dem Bette getrieben.
Du wäschst dich nur flüchtig und nur, wo es wichtig,
und rasierst dich auch gar nicht so richtig.

Du nimmst am Frühstückstisch Platz in Begleitung
deiner Familie und greifst *schon* nach der Zeitung!
Du überfliegst die erste Seite – und suchst
dann auf der zweiten Seite und fluchst,
weil auch auf der dritten und vierten nichts steht,
wie es mit der Krise denn weitergeht!

Endlich, auf der letzten Seite, ganz hinten,
ganz klein gedruckt und kaum noch zu finden,
liest du dann eine Notiz, so wie diese:

Es kann keine Rede sein von einer Krise!
Auch sonst sind keine Gefahren vorhanden,
wir hatten den Redner bloß missverstanden
und bitten die Leser, die immer geduldigen,
auch diesmal die Falschmeldung zu entschuldigen!

Nur zögernd glätten sich deine Falten – – –.
Du trinkst den Kaffee, den inzwischen kalten,
dann nimmst du den Löffel und schlägst deinem Ei
fast zärtlich die kalkige Schale entzwei.
Dann greifst du zum Brötchen und schließlich zur Butter
– dasselbe tuen die Kinder, die Mutter –,
und allmählich zieht im trauten Verein
nun auch der innere Frieden ein.

Die Familie ist glücklich. Du bist es wie sie –
bis morgen früh (?) ...

Der Wahlredner

Wenn er das Rednerpult betritt
mit kühner Stirn und weitem Schritt,
zieht er zunächst gekonnt kokett
das Manuskript aus dem Jackett
und fängt gleich an, draus vorzulesen,
was ist, was wird und was gewesen.

Doch langsam wird der Redner kleiner,
denn er entdeckt – und nicht erst heute:
vor ihm sitzen zwar viele Leute,
doch hinter ihm – steht keiner ...

Luisenstraße 13

Luisenstraße dreizehn
ist bloß ein graues Haus,
doch kriegen mich zehn Pferde
nicht aus dem Haus heraus!
Scheint dort auch nie die Sonne
und pfeift durchs Dach der Wind,
ich habe meine Gründe,
und diese Gründe sind:

Sie wohnt im dritten Stock,
ich wohn im vierten Stock,
in einem Häuserblock
in der Luisenstraße.
Sie ist 'ne Tippmamsell,
und ich bin Junggesell,
kann's wundern, dass ich schnell
gleich Feuer fasse?

Ich sitz dann abends in dem Zimmer
und wird's noch so spät,
ich höre dann ganz deutlich,
wie sie unten schlafen geht,
bei sich im dritten Stock!
Ich wohn im vierten Stock,
in einem Häuserblock
in der Luisenstraße.

Bin ich verliebt?

Gestern Nacht war Wetterleuchten,
und wir saßen an dem Strand,
und die Wellen rauschten leise,
und ich drückte ihr die Hand.
Und dann wollt ich etwas sagen,
und ich sah ihr ins Gesicht,
und da konnt ich es nicht sagen,
nein, ich konnt es nicht!
    Bin ich verliebt? Vielleicht auch nicht!
    Vielleicht auch doch, kann sein, vielleicht!
    Warum vielleicht? Vielleicht bestimmt?
    Vielleicht auch nicht, vielleicht?
Jeden Morgen schmeckt mir
der Kaffee ganz besonders fein,
aber heute, weiß der Teufel,
wollt er gar nicht recht herein.
Auch der Duft der Zigarette
ist mir gar nicht angenehm,
und in dem sonst weichen Bette
schlief ich unbequem!

Der Einbruch

Durch das angelehnte Fenster
steigt der jugendliche Gangster* –
er will nämlich die Juwelen,
die im Nachttisch liegen, stehlen!

Schon zieht sacht er an der Lade – – –
da erwacht – und jetzt gerade! –
die Frau Gräfin aus dem Schlaf:
»Kommst du endlich, lieber Graf?«,
flüstert sie und schlägt die Decken
ganz zurück ... Voller Erschrecken
über'n Anblick springt der Gangster
ohne Schmuck schnell aus dem Fenster** – – –!

Und er gibt sich das Versprechen,
nie wieder bei *alten* Damen
(auch mit adeligem Namen)
einzubrechen!

---

* *Sollte jemand meinen, der Reim Fenster – Gangster sei nicht gut,
so möchte ich hier unten ausdrücklich betonen, dass ich nie
behauptet habe, er sei es!*
** *Siehe**

Eine verfahrene Geschichte

Ich sah dich in der Straßenbahn,
sah dich von allen Seiten an,
doch du, mein Schatz, du machtest dir nichts draus!
Ich bot dir meinen Sitzplatz an,
weil ich ja auch mal stehen kann,
doch du, du sagtest »danke« und stiegst aus!
    Dies »danke«, oh, gab mir den Rest ...
    Du bists, die mich nicht schlafen lässt!
Nun fahr ich mit der Straßenbahn,
wann immer ich nur fahren kann,
doch leider, Schätzchen, treffe ich dich nie!
Mich fragte schon die Schaffnerin,
ob ich wohl nicht bei Troste bin,
doch was, ich bitte Sie, versteht denn die?
    Vor Kummer bin ich schon ganz dumm ...
    Vielleicht ist's besser, ich steig um?
Nun fahr ich mit dem Autobus,
wann immer ich nur fahren muss,
doch leider werd ich deiner nicht gewahr!
Bist du am Ende gar erkrankt?
Vielleicht verreist? Bist du in Sankt
Maurice, läufst Ski und abends in die Bar?
    Werd ich nicht bald *verrückt* vor Qual,
    dann bin ich wirklich nicht *normal!*

Das Blümchen*

Im Walde ist ein Plätzchen,
ein Plätzchen wunderschön.
Beim Plätzchen steht ein Bänkchen,
das möcht ich wiedersehn.
Beim Bänkchen wächst ein Blümchen,
ein Blümchen, weiß und rot,
das möcht ich gerne pflücken;
denn morgen ist es tot.
Ich will's ins Wasser legen,
bis dass es fast ertrinkt,
und es so lange hegen,
bis Mutti sagt: »Es stinkt!«

* *Dieses Gedicht schrieb der Autor mit 13 Jahren.*

Ballade aus Estland

Im alten Schloss zu Wesenstein,
da soll es nachts ganz finster sein.
Warum's dort finster ist bei Nacht,
das hat noch keiner rausgebracht.

Und jede Nacht um Mitternacht
die Turmuhr laut zwölf Schläge macht.
Warum das grad um Mitternacht,
das hat noch keiner rausgebracht.

Ein Dichter, dem man's hinterbracht,
hat hieraus dies Gedicht gemacht.
Warum er dies Gedicht gemacht,
das hat noch keiner rausgebracht.

Überlistet

Wenn Blätter von den Bäumen stürzen,
die Tage täglich sich verkürzen,
wenn Amsel, Drossel, Fink und Meisen
die Koffer packen und verreisen,
wenn all die Maden, Motten, Mücken,
die wir versäumten zu zerdrücken,
von selber sterben – so glaubt mir:
Es steht der Winter vor der Tür!

Ich lass ihn stehn!
Ich spiel ihm einen Possen!
Ich hab die Tür verriegelt
und gut abgeschlossen!
Er kann nicht rein!
Ich hab ihn angeschmiert!
Nun steht der Winter vor der Tür – – –
und friert!

Ein Ostergedicht

Wer ahnte, dass zum Weihnachtsfest
Cornelia mich sitzen lässt?

Das war noch nichts: Zu Ostern jetzt
hat sie mich abermals versetzt!

Nun freu ich mich auf Pfingsten –
nicht im Geringsten!

Die Uhrsache

Die Rathausuhr geht unentwegt,
und immer scheint sie aufgeregt,
weil – ist sie auch schon hochbetagt
sie innerlich die *Unruh* plagt – – –
was sich auf uns dann überträgt ...

Das Gewitter

Der Mond verbirgt sein bleiches Licht,
die Sterne am Himmel, sie funkeln nicht.
Die Nacht ist schwül.
Im Herzen wird bang.
Der Uhu krächzt einen Totengesang.

Da – bricht's aus schwarzer Nacht hervor,
als wäre geöffnet der Hölle Tor,
als ständen die Säulen des Erdballs in Flammen,
als stürze das ganze Weltall zusammen,
und aus der Wolken feuchtem Schoß
der Regen in Strömen sich ringsum ergoss,
als wollten des Wassers wilde Gewalten
das Land zum unendlichen Meere gestalten.

Und wie es so stürmet und brandet und kracht,
da, eine Jungfrau tritt hinaus in die Nacht
und ruft in die tosenden Winde hinaus:
»Na, das ist ein Dreckwetter, da bleib ich zu Haus.«

Winteranfang

Verblüht sind Dahlien und Ginster.
Die Rechnung steigt für Öl und Licht.
Die Nächte werden wieder finster.
Der Tag nimmt ab. Die Oma nicht.

Sommeranfang

Mit Frischem füllen sich die Keller.
Es sinkt der Öl- und Lichtverbrauch.
Die Nächte werden wieder heller.
Der Tag nimmt zu. Die Oma auch.

Nächstenliebe

Die Nächstenliebe leugnet keiner,
doch ist sie oft nur leerer Wahn,
das merkst am besten du in einer
stark überfüllten Straßenbahn.
Du wirst geschoben und musst schieben,
der Strom der Menge reißt dich mit.
Wie kannst du da den Nächsten lieben,
wenn er dir auf die Füße tritt?!

Depressionen

Gestern war ich noch so fröhlich,
heute hat es sich gegeben.
Gestern schlug ich Purzelbäume,
heute will ich nicht mehr leben.

Solch ein Zustand ist entsetzlich,
mich und meine Umwelt quäl ich;
doch er dauert nicht sehr lange:
Morgen bin ich wieder fröhlich!

Gedanken am Samstagabend

Im Wasser schwimmt der Gummischwamm,
denn heut ist Samstag, und ich bade.
Zwei Zähne fehlen mir am Kamm,
es duftet laut nach Haarpomade. –

Das Wasser tropft ins Abflussrohr,
der Stöpsel scheint nicht gut zu schließen.
Ich habe Seife in dem Ohr
und Hühneraugen an den Füßen. –

Das Wasser ist schon stark getrübt,
nur mühsam wälzen sich die Fluten.
Ich bin seit vorgestern verliebt,
da hilft kein Blasen und kein Tuten. –

Erkenntnis

Man hat vor Jahren festgestellt,
dass unsre liebe, schöne Welt,
auf der wir leben, nicht nur bunt ist,
nein, dass sie außerdem auch rund ist.
Und deshalb sind wir in der Lage
– sowohl bei Nacht als auch bei Tage –
von einer Erdhälfte zur andern
zu fliegen, schwimmen oder wandern,
was ganz unmöglich wär beileibe,
wär' unsre Erde nur 'ne Scheibe.

Wobei, wie ihr es sicher wisst,
auf Erden alles Schei-be ist!

Verdrehte Welt

Während die Schwarzen die Busen verhüllen,
zeigen wir alles, was nötig zum Stillen.

Wodurch auf der Zunge die Frage uns prickelt,
wer ist denn nun eigentlich unterentwickelt?

Abendlied

Die Nacht bedeckt die Dächer,
und in dem Aschenbecher
verlöscht die Zigarette.

Es ruhn fast alle Räder.
Der Tag verging wie jeder,
als Glied in einer Kette.

Ich höre Eulen singen
und sehne mich nach Dingen,
die ich so gerne hätte.

Und von dem vielen Sehnen
bekomme ich das Gähnen – – –
gut Nacht, ich geh zu Bette.

Ein Vorschlag

Es wird gehämmert und gebohrt,
gebuddelt und gegraben:
Sie wollen unsre Straßenbahn
unter die Erde haben!

Dabei wäre es gut – vielleicht –
wenn man, bei aller Liebe,
die gute alte Straßenbahn
nun endlich *ganz* begrübe.

Fast eine Fastenkur

Alte Brötchen. Saure Weine.
Ein Salatblatt. Guss auf Beine.
Hunger nagt im Magen-Sektor.
Und er knurrt. Wie draußen Hektor.

Will nicht mehr gesund und schlank sein!
Will dann lieber dick und krank sein!

Kehrt zurück, ihr großen fetten
Schnitzel oder Schweinskotletten
und auch ihr, ihr Leibbeschwerden!

Bin es satt, nie satt zu werden!

Der Muselmann

Es war einmal ein Muselmann,
der trank sich einen Dusel an,
wann immer er nur kunnt.
Er rief dann stets das Muselweib,
wo es denn mit dem Fusel bleib,
denn Durst ist nicht gesund.
Und brachte sie die Pulle rein,
gefüllt mit süßem Muselwein,
    dann trank er
    und trank er,
    hin sank er
    als Kranker,
    bis Gott sei Dank er
unterm Tische verschwund.

Spätlese

Ich bin sehr krank
und geh zum Schrank.
Ich hol ein Glas
und fülle das
mit Moselwein.
Hm, der schmeckt fein:
Spätlese!

Ich bin genesen
und möchte lesen.
Ich hol mir was
und lese das
von abends acht
bis Mitternacht.
Auch 'ne Spätlese ...

Die Kunst des Trinkens

Solange es uns Menschen gibt,
sind auch Getränke sehr beliebt –
ich meine hier natürlich nur
die alkoholischer Natur!

Den *Wein,* den hab ich übersprungen,
der wurde schon zu oft besungen
und auch der *Sekt!* (Man reicht ihn Gästen
zum An- und Aufstoßen bei Festen.)

Wie selten aber steht vom *Bier*
etwas geschrieben, außer hier:
»Es schäumt das Glas mit edler Gerste,
und stets bekömmlich ist das erste!«

Doch gibt es außerdem Getränke,
den'n ich besondre Liebe schenke,
ich schätze fast seit der Geburt se:
das ist der *Klare* oder *Kurze!*

Wie wärmen sie an kalten Tagen
schön eisgekühlt den kalten Magen!!!
Wie spornen sie – als Geistgetränke –
den Geist an, dass er wieder denke!!!

Jedoch wie geistlos – sei'n wir offen! –
wird diese Köstlichkeit *gesoffen!*
Drum will ich, eh Sie einen heben,
hier schnell noch einen Ratschlag geben:

Man trinke *Schnaps* stets *nur zum Essen!!!*
Das *Bier* dazu soll man *vergessen!!!*
Und ob in Kneipe oder Haus:
Man lasse immer einen aus!!!

Wenn man das ganz genau so tut,
dann fährt man stets – auch Auto! – gut.

Trost

Immer wenn ich traurig bin,
trink ich einen Korn.
Wenn ich dann noch traurig bin,
trink ich noch 'nen Korn.
Und wenn ich dann noch traurig bin,
dann trink ich noch 'nen Korn …
… und wenn ich dann noch traurig bin,
fang ich an von vorn.

Trinklied

Wo bleibt heut bloß der Sonnenschein?
Liegt's an den Isobaren?
Ach, soll's doch ruhig trübe sein
wir trinken unsern Klaren!

Schön eisgekühlt stürzt er zu Tal,
es wird uns heiß und heißer ...
Der trübe Himmel kann uns mal,
und *wo* er kann, das weiß er.

Das Trübsalblasen ist ein Graus
und schädlich ohne Zweifel!
Kommt, lacht den trüben Himmel aus –
Alkohol ihn doch der Teufel!

dschu-fi-mu

es stirbt die nacht
wird sie vom tag entbunden

der große zeiger
überholt den kleinen

und atemlos
stirbt auch der tag

Der Besuch

Es klopft. »Herein!«
Wer kommt? ›Freund‹ Hein!
»Was willst du mit der Sense, sprich?«
»Ich will nicht viel, ich will nur dich!«
»Was, heute schon? Ist's schon so weit?
Ach, lass mir noch ein wenig Zeit!«
»Nun gut – ich will mal nicht so sein,
ich schaue nächstens wieder rein …!«

Der zweite Besuch

Es klopft. »Herein!«
Es ist ›Freund‹ Hein!
»Ach, du bist's wieder? Gib doch Ruh!
Zum Nachbarn geh, du Heini, du!
Den kannst du – niemand wird sich grämen –
ganz schnell mal auf die Hippe nehmen!«
»Na, schön, ist mein Besuch dir peinlich,
ich warte draußen, bin nicht kleinlich!«

Der letzte Besuch

Mein Haar ist weiß, grau das Gesicht ...
Ich schreib mit Mühe dies Gedicht ...
Mein Hirn ist leer, mein Darm verstopft ...
Bin so allein ...
Wo bleibt ›Freund‹ Hein ...?

Aha, es klopft – – –

Alte Weisheit

»'s ist schlimm,
wenn man alt wird«, das Alter spricht,
»aber schlimmer ist es,
man wird es nicht!«

Der Einsame

Einsam irr ich durch die Gassen,
durch den Regen, durch die Nacht.
Warum hast du mich verlassen,
warum hast du das gemacht?
Nichts bleibt mir, als mich zu grämen!
Gestern sprang ich in den Bach,
um das Leben mir zu nehmen;
doch der Bach war viel zu flach.

Einsam irr ich durch den Regen,
und ganz feucht ist mein Gesicht,
nicht allein des Regens wegen,
nein, davon alleine nicht.
Wo bleibt Tod in schwarzem Kleide?
Wo bleibt Tod und tötet mich?
Oder besser noch: uns beide?
Oder besser: erst mal dich?

Das Wiedersehn

Er hat sich dreimal überschlagen ...
Lang war der Sturz und kurz der Schreck ...
Im Abgrund lag der schöne Wagen,
und neben ihm lag Mister Black ...
Die starren Augen standen offen ...
Der Wagen lag auf dem Verdeck ...
Black schaute staunend und betroffen:
»Da steht doch mein Freund Taylor? – Jack!!«

»Ja, ich bin Jack! Leidest du sehr?
Wie geht's? Du kannst mir alles sagen!«
»Mein lieber Jack, wie kommst du her,
das muss ich aber wirklich fragen?!
Du fielst vor Jahren doch vom Boot
durch irgendeinen dummen Fehler,
und du ertrankst! *Du bist doch tot ! ! ! ?*«
»Du auch«, erwiderte Jack Taylor ...

Beethovens Totenmaske

Durch die Glastür zum Alkoven
scheint der Mond mit weißem Licht.
Ausgerechnet dem Beethoven
scheint er mitten ins Gesicht.
Nicht einmal sein Aug beschatten
kann der große Komponist.

Hilflos ist man und verraten,
wenn man mal gestorben ist.

Letzter Rat

Bevor man dich verbrennt zu Asche,
verhindere, dass man dich wasche.
Versenkt man dich dann in den Keller,
verbrennst du, ungewaschen, schneller!

Wenn sie jedoch die Absicht haben,
dich einst im Ganzen zu begraben,
dann sei appetitlich, frisch und rein –
die Würmer werden dankbar sein!

Letzte Bitte

Der Tag geht nun zur Neige
und leise kommt die Nacht.
Ich danke dir für alles,
was du für mich gemacht.

Du hast mich stets getröstet,
wenn mir was nicht geglückt,
und hast so oft aus Liebe
ein Auge zugedrückt.

Jetzt geht mein Weg zu Ende.
Und leg ich mich zur Ruh,
so falte meine Hände,
und dann nimm deine Hände:
Drück beide Augen zu ...

Beichte

»Warum machst du in Gedichten?«,
fragte mich ein Menschenkind.
»Warum schreibst du nicht Geschichten,
die doch leicht verkäuflich sind?«
Oh, ich habe meine Gründe
für mein Tun – und sprach verträumt:
»Weil ich es viel schöner finde,
wenn sich hinten alles reimt.«

Viele Verse …

Viele Verse schrieb und schreib ich,
denn die Muse, die mich küsste, will es;
doch die Verse sind viel unbekannter
als die Verse des Achilles!
Über diese gibt es Bücher –
wer kennt nicht die dicken Folianten?
Meine Verse aber kennen
nur der Mond – und du – und dann zwei alte Tanten!

Dichter mit Leihpegasus

Mühsam erklimmt er das scharrende Huftier.
Platz nehmend hinter gewaltigen Schwingen,
klammert er fest sich an wehender Mähne,
startet mit trutziger Mähre gen Himmel.

Oben, in höheren Sphären, gebiert er
dann seine herrlichen Werke, entzieht sich
damit den Blicken der lästigen Menschheit.

Hat er genüsslich sein Opus beendet,
landet erleichtert er nahe der Wohnung.
Schleunig entfernt sich der wiehernde Vogel,
denn schon ein anderer Dichter harrt seiner – – –

Die Pointe

Am meisten Freude macht es mir,
die Pointe zu verstecken
und dann zu sehen, wie es dir
gelingt, sie zu entdecken.

Wie dir beim Lesen erst der Mund
zuckt, dann der Augen Falten
sich tiefer graben, und –
du kannst nun nicht mehr an dich halten –
du lachst und lachst
und machst
mich damit froh!

So,
das wär's, was ich mit der »versteckten Pointe« meine ...
Doch lach noch nicht;
denn dies Gedicht
hat keine!

Berichtigung

So viel Säulen sind zu sehn,
die dort in die Lüfte ragen,
dass wir gut den Grund verstehn,
weshalb Griechen sich's versagen,
Säulen nach Athen zu tragen.

NB. Fälschlicherweise spricht man immer von *Eulen*, die man in die griechische Hauptstadt tragen will. Welch Nonsens! Warum gerade *diese* Vögel, die jeden Wohlgeschmacks entbehren?
Nein, nein! Das Missverständnis ist auf einen Sprachfehler des Philosophen Aristophanes, der kein »S« aussprechen konnte, zurückzuführen. Natürlich meinte er *Säulen!*

Zeus

Im Himmel machte er die Blitze,
auf Erden aber lieber Witze,
so hatte er, als Tier verwandelt,
sehr oft mit Damen angebandelt!

Einst näherte er sich – als Stier! –
Europa und sprach keck zu ihr:
»Ich bin der Zeus! Macht keine Zicken
und setzt Euch hier auf meinen Rücken!
Halt't Euch am Horne fest und flieht
mit mir dorthin, wo's keiner sieht!«
Erst zierte sich das Mädchen sehr – – –
dann weniger – dann wieder mehr – –
da wurde es selbst Zeus ganz klar,
wie *uneinig* Europa war!
Und es ist gar nicht übertrieben,
zu sagen, es sei so geblieben! –

Durch alte Schriften ist belegt,
dass Vater Zeus fast unentwegt
nach unten kam, sich abzulenken –
statt oben ans Regiern zu denken,
bis seine Frau, die Hera hieß,
ihn einfach nicht mehr runterließ.
Im Himmel aber, da verlor
er jeden Sinn für den Humor –

drum hört man auch vom alten Zeus
nichts Neu's!

Archimedes

Jaja! Der weise Archimedes
ging stets zu Fuß, ging stets per pedes.
Doch ging er auf besondre Weise:
Er ging hauptsächlich nur im Kreise.

Die Gangart hatte sich nach Wochen
in Syrakus herumgesprochen,
weshalb – es ist gut zu verstehn –
die Menge kam, sich's anzusehn.
Doch dies gefiel dem Greise nicht!
Er sprach: »Stört meine Kreise nicht!«

Jaja! Der weise Archimedes
ging stets zu Fuß, fuhr nie Mercedes.

Nero

Nero war nicht nur ein Kaiser,
sondern auch fast immer heiser,
was hauptsächlich daran lag,
dass bei Nacht er und bei Tag,
je nachdem, wo etwas los war –
wenn's auch eine Kirmes bloß war,
kurz: bei jeder frohen Feier –
Lieder sang zu seiner Leier
und das stets mit vollem Ton,
denn noch gab's kein Mikrofon.

Selbst als Rom hellodernd brannte
und das Volk sich an ihn wandte,
stand er mittendrin im Dampfe,
sang Couplets und schlug die Klampfe.

Er war in der Welt des Scheins
eine, wenn auch heisre, Eins;
sonst jedoch war Kaiser Nero
– unter uns gesagt! – ein Zero.

Kolumbus

Als Kolumbus von seiner Amerikafahrt
nach Spanien heimkam mit Gold und mit Bart
und, hoch geehrt und umjubelt, schritt
durch die Hauptstadt des Landes, nämlich Madrid,
entdeckte er plötzlich da drüben rechts
eine hübsche Person femininen Geschlechts.
Bei ihrem Anblick – was war schon dabei –
entschlüpfte ihm was, und zwar das Wort »ei« …

Seitdem sind die Forscher sich darüber klar,
dass das das »Ei« des Kolumbus war!

Hanneles Siegesfahrt

Da war ein Mädchen jung und stark
und gut von Wuchs und hieß Jeanne d'Arc.

Erst hütete sie Vaters Ziege,
dann träumte sie vom großen Siege!
So ging sie eines Tags aufs Ganze:
Kaufte sich Rüstung, Helm und Lanze,
und schon nach ziemlich kurzer Zeit
fand Männer sie, zum Kampf bereit!
Mit diesem Fähnlein griff sie dann
des Königs böse Feinde an!

Bei Orleans errang, so schien's
(auf englisch heißt der Ort Orliens!),
die ihren Sieg! Doch nicht weit her
war es damit: Es geht die Mär,
sie sei, was nicht so sehr erheitert,
am Scheiterhaufen dann gescheitert!

Drei Balladen

1
Es war einmal ein altes Schloss.
Und Kunibert, so hieß der Boss.
Er hatte Mägde, hatte Knechte
und eine Frau – das war das Schlechte!

Ihr Mund war breit, ihr Hals war lang,
und es klang schrecklich, wenn sie sang.
Da zielte er mit Korn und Kimme
und Wut auf sie – das war das Schlimme!

Es machte bumm! – (natürlich lauter!) –,
dann fiel sie um! – Zum Himmel schaut er
und spricht, das Auge voll Gewässer:
»Vielleicht singt sie dort oben besser?!«

2
Es ritt der edle Ritter Kunkel
durch einen Wald, der still und dunkel –
als plötzlich, jäh und ungestüm,
ein grauslich-graues Ungetüm,
ein richtig schlimmes Drachenvieh,
das Feuer, Gift und Galle spie,
sich fliegend näherte dem Reiter
und schrie: »Bis hierher und nicht weiter!!!«

Der Ritter Kunkel zog am Zügel,
dann seinen Degen! Stieg vom Bügel,
und mutig, ohne banges Zagen,
ging er dem Drachen an den Kragen!
Gar bald gelang's ihm, hintern Ohren
das Scheusal schmerzhaft anzubohren,
worauf es »au« schrie nach dem Stich
und flugs nach oben hin entwich! –

Der Ritter reinigte den Degen
und ritt, nun auf befreiten Wegen,
dorthin, wohin er vorhin wollte!
(Wozu es fast nicht kommen sollte!)

Das Volk begrüßte ihn mit Tüchern,
und bald schrieb man von ihm in Büchern!
(Weil er der Erste war, wie's hieß,
der einen Drachen steigen ließ!)

3
Es war einmal ein stolzer Ritter,
der wurde beim Turnier bloß Dritter.
Das ging dem Armen derart nah,
dass man ihn lebend nicht mehr sah.

Er starb im Wonnemonat Maien
– an einem warmen Tag – im Freien
und wollte niemand bei sich haben.
So musste er sich selbst begraben. –

Ja, Dritter ist für einen Ritter bitter!

Mary and Lisa

Es waren mal zwei Königinnen,
ganz gut von Wuchs und stolz von Sinnen;
doch leider konnten sich die beiden
von Hause aus nicht so recht leiden.

Sie nannten sich zwar meistens »Schwester«,
doch schuld am Krach war ein Lord Lester!
Sie liebten ihn und litten seelisch. –
Die war katho-, die evangelisch. –

Und eines regenfeuchten Tages,
da sagte Lisa: »Ich ertrag es
nicht länger, dass die Mary mir
den Lord wegschnappt! Ich zeig es ihr!

Ich will, dass man sie gleich verhafte!!«
Worauf man sie in'n Kerker schaffte ...

Dort saß die Mary viele Wochen,
hat nichts gegessen, nichts gesprochen –,
drum freute sie sich ungemein,
als Lisa schrieb: »Mein Schwesterlein,
wir wollen unsern Stunk vergessen!
Ich hol dich morgen ab zum Essen!«

Und so geschah's, dass nach dem Lunch
die beiden, wie fast jeder Mensch,
sich gern etwas im Park ergingen.
Sie unterhielten sich von Dingen,
die intressant von Schwes- zu Schwester ...
Doch fiel kein Wort über Lord Lester,
bis plötzlich Mary sich vergaß
und rief: »Du bist ein Rabenaas!
Ein Scheusal und ein Mistpaket ...!«
Was Lisa nicht gefallen tät:
»Ich unternehme neue Schritte!«,
so schrie sie und ging durch die Mitte
ab!
Knapp
sechs Wochen drauf bestieg, o Gott,
die arme Mary das Schafott!
Verlor den Kopf, den sie zuvor
in Lisas Park schon mal verlor ...

Der Fischer
(Frei nach Johann Sebastian Goethe)

Das Meer ist angefüllt mit Wasser
und unten ist's besonders tief,
am Strande dieses Meeres saß er,
d. h., er lag, weil er ja schlief.
Und nun noch mal: Am Meere saß er,
d. h., er lag, weil er ja schlief,
und in dem Meer war sehr viel Wasser
und unten war's besonders tief.

Da plötzlich teilten sich die Fluten,
und eine Jungfrau kam herfür,
auf einer Flöte tat sie tuten,
das war kein schöner Zug von ihr.
Dem Fischer ging ihr Lied zu Herzen,
obwohl sie falsche Töne pfoff – – –
man sah ihn in das Wasser sterzen,
dann ging er unter und ersoff.

Der Mohr von Venedig
Frei geräubert bei Schiller

Unterm Einfluss eines Föhns
dichte ich jetzt mal was Schön's:
Es ist kürzer und auch stiller
und ganz anders als bei Schiller! –

Franz Mohr, bekannt als »die Kanaille«,
trug stets den Dolch an seiner Taille.
Doch einmal, ach, im grimmen Zorne
stach er von hinten zu und vorne,
worauf sich wund das Opfer wand
und Franz in dessen Blute stand!

Nach dieser unheilschwangern Tat
rief er: »Jetzt ham wir den Salat!
Mein Beinkleid ist vom Blut gerötet!
Den Leichnam dort hab ich getötet!
Der Anblick ist nicht grade schön!
Auf Wiedersehn! Der Mohr kann gehn!«

Und so geschah's, dass Franz entfloh
(über die Alpen, übern Po
und weiter), bis er ungehemmt
zur Stadt kam, die stets überschwemmt.

Hier – musste er sich nicht verstecken!
Hier – konnt er seine Hos' entflecken!
Hier – blieb Franz Mohr lang, brav und ledig
und hieß ab hier – »Mohr von Venedig«!*

---

* *Einige neuere Literaturgeschichten behaupten, wahrscheinlich, um sie farbiger zu gestalten, der »Mohr von Venedig« sei ein Schwarzer gewesen. Bei Schiller jedoch findet sich kein Hinweis, dass Fr. Mohr (den er übrigens undelikaterweise mit oo schreibt) negroiden Ursprungs war.*

Das Unwetter*

Urahne, Großmutter, Mutter und Kind
in dumpfer Stube versammelt sind. –

Da, plötzlich hört man ganz von ferne
ein leises Grollen. Mond und Sterne
verhüllen sich mit schwarzen, feuchten
Wolkenschleiern. Blitze leuchten.
Und es sind versammelt in dumpfer Stube
Urahne, Großmutter, Mutter und Bube. –

Das Gewitter kommt näher mit Donnerschlag –
und noch fünf Minuten bis Donnerstag!

Es heult der Sturm, es schwankt die Mauer;
der Regen prasselt, die Milch wird sauer –
und in dumpfer Stube – man weiß das schon –
sind Urahne, Großmutter, Mutter und Sohn.

Ein furchtbarer Krach! Ein Blitz schlägt ein!
Der Urahne hört was und sagt: »Herein« –
Die dumpfe Stube entflammt und verglimmt
mit Urhammel, Großbutter, Butter und Zimt ...

---

* *Frei nach Ludwig Uhland, dem Erfinder der gleichnamigen Straße.*

Das Pechmariechen

Zu Ostern in Hersfeld die Mutter spricht:
»Bald ist es Zeit fürs Festtagsgericht!
Drum gehe, Mariechen, hinab in den Keller
und fülle mit Sauerkraut hier diesen Teller!«

»O Mutter, o Mutter, mir träumte neulich
von einem Mann – der Mann war abscheulich …!
Ach, lass uns den Keller vergessen:
woll'n wir was anderes essen!«

»Mein Kind, mein Kind, ich seh es genau:
Du kommst in die Jahre, wirst langsam Frau,
siehst überall Männer, die lauern –
geh, hol von dem Kraut, von dem sauern!«

Mariechen tut es – sie schreitet hinab,
hinab in den Keller, der finster wie's Grab – !
Hier füllt sie den Teller, den Teller von Blech – –
doch so lang sie auch füllt, 's kommt kein Mann!
So'n Pech! (Darum: Pechmariechen!)

Der Tauchenichts
(frei nach Schillers »Taucher«)

»Wer wagt es, Knappersmann oder Ritt,
zu schlunden in diesen Tauch?
Einen güldenen Becher habe ich mit,
den werf ich jetzt in des Meeres Bauch!
Wer ihn mir bringt, ihr Mannen und Knaben,
der soll meine Tochter zum Weibe haben!«
    Der Becher flog.
    Der Strudel zog
    ihn hinab ins gräuliche Tief.
    Die Männer schauten,
    weil sie sich grauten,
    weg. – Und abermals der König rief:
»Wer wagt es, Knippersmann oder Ratt,
zu schlauchen in diesen Tund?
Wer's wagt – das erklär ich an Eides statt –
darf küssen mein's Töchterleins Mund!
Darf heiraten sie und mein Land verwalten!
Und auch den Becher darf er behalten!«
    Da schlichen die Mannen
    und Knappen von dannen.
    Bald waren sie alle verschwunden – – –
    Sie wussten verlässlich:
    Die Tochter ist grässlich! –
    Der Becher liegt heute noch unten …

Neues von Wilhelm Tell

Es ist das Ziel eines jeden Schützen:
Der Schuss muss genau im Schwarzen sitzen!
Und einer, dem dies immer gelang
und den schon Kollege Schiller besang,
das war ein gewisser Tell aus der Schweiz.
Er schoss so gut, dass der Geßler bereits
erst in Erstaunen geriet, dann in Rage
und ausrief: »Nanu, das ist Tells Etage!«*

---

* *Angeblich soll der Landvogt Geßler statt »Etage« »Geschoss« gesagt haben – aber dann würde es sich nicht auf »Rage« reimen.*

Der Apfelschuss

Der Landvogt Geßler sprach zum Tell:
»Du weißt, ich mache nicht viel Worte!
Hier, nimm einmal die Tüte schnell,
sind Äpfel drin von bester Sorte!
Leg einen auf des Sohnes Haupt,
versuch, ihn mit dem Pfeil zu spalten!
Gelingt es dir, sei's dir erlaubt,
des Apfels Hälften zu behalten!«

Der Vater tat, wie man ihn hieß,
und Leid umwölkte seine Stirne,
der Knabe aber rief: »Komm, schieß
mir schnell den Apfel von der Birne!«

Der Pfeil traf tödlich – – einen Wurm,
der in dem Apfel wohnte ...
Erst war es still, dann brach ein Sturm
des Jubels los, der 'n Schützen lohnte!
Man rief: »Ein Hoch dir, Willi Tell!
Jetzt gehn wir einen trinken, gell?«*

---

* *Westfälische Fassung:*
Man rief: »Der Tell, der schießt ja toll!
Jetzt gehn wir einen trinken, woll?«

Der König Erl
(Frei nach Johann Wolfgang von Frankfurt)

Wer reitet so spät durch Wind und Nacht?
Es ist der Vater. Es ist gleich acht.
Im Arm den Knaben er wohl hält,
er hält ihn warm, denn er ist erkält'.
Halb drei, halb fünf. Es wird schon hell.
Noch immer reitet der Vater schnell.
Erreicht den Hof mit Müh und Not –
der Knabe lebt, das Pferd ist tot!

Das Weidenrösslein
(Nicht ganz so frei nach Joh. Wolfg. Amad. v. Goethe)

Sah ein Knab ein Rösslein stehn,
Rösslein auf der Weiden.
War schon alt und gar nicht schön,
und es konnte kaum noch sehn,
doch er sah's mit Freuden.
Rösslein, Rösslein, Rösslein braun,
Rösslein auf der Weiden.

Knabe sprach: »Wie schön ist's heut,
Rösslein auf der Weiden!
Keine böse Wolke dräut,
alles ist voll Heiterkeit,
und die Luft ist seiden.
Rösslein, Rösslein, Rösslein braun,
Rösslein auf der Weiden!«

Rösslein sah ihn traurig an,
Rösslein auf der Weiden:
»Dort kommt schon der Bauersmann,
spannt mich vor den Wagen an,
schlägt mich mit der Peitsche dann,
bis ich nicht mehr weiter kann –
muss so viel erleiden … !«
Rösslein, Rösslein, Rösslein braun,
Rösslein auf der Weiden.

Hero und Leander*
oder Falsche Sparsamkeit

1
Die Ansichtskarte

Der Hero und auch die Leander,
die hatten gar nichts miteinander.

Das lag hauptsächlich an der Länge
und Breite jener Meeresenge,
die man, hat man nicht grad gepennt,
als *Hellespont* von früher kennt.

Doch war der Hero ja schon immer
bekannt als Sportler, nämlich Schwimmer,
weshalb er eines Mittwochs rief:
»Ich schwimme zu ihr, ist's auch tief!
Ist auch die Strecke nass und lang
was macht das schon, mir ist nicht bang!
Ich arbeite bis Freitag bloß,
dann schwimme ich nach Dienstschluss los!«

---

* *Schon der österreichische Dichter Parzer, der nebenbei auch den Grill erfand und deshalb meist Grillparzer genannt wird, hatte obiges Liebespaar in seinem Lustspiel »Des Meeres liebe Wellen« zum Vorwurf genommen, ohne dass man ihm einen solchen machen könnte ...!*

Drauf schrieb er eine Ansichtskarte:
»Ich komm ganz früh am Samstag, warte!
Doch weil du, liebe Lea, faktisch
direkt am Ufer wohnst, was praktisch,
so zünde eine Kerze an
und stell sie in dein Fenster dann,
damit sie leuchte und mich leite
zu dir, bis auf die andre Seite!
In sechs bis sieben Stunden höchstens
bin ich dann da! – Leb wohl! Bis nächstens!
Ich geb dir 'n Vorschusskuss, hier hast'n ...!«
und warf die Karte in den Kast'n. –

Und Freitagnacht, wie vorgesehn,
sprang er – die Uhr war kurz nach zehn
bekleidet nur mit einer Hose,
im Munde aber eine Rose,
und mit Salatöl eingerieben,
ins Wasser, mit dem Ziel nach drüben ...

2
Der Untergang

Das Meer geht hoch, die Winde wehn ...
Die Nacht ist schwarz, er kann nichts sehn –
den Mond und auch die Sterne nicht,
doch auch nicht seiner Liebsten Licht ...

Wie sehr er die Pupille weitet,
wo ist die Kerze, die ihn leitet?
»Pardon, geht's hier zum andern Ufer?«,
brüllt er, doch niemand hört den Rufer ...

Nur schwer noch kann er sich im kalten
Gewässer über Wasser halten,
und er verliert im Meergetose
die Orientierung und die Rose ...
Er murmelt paarmal: »Junge, Junge ...!«,
dann dringt ihm Wasser in die Lunge ...
Er nimmt noch zwei, drei Schluck, drauf sinkt er
bis auf den Grund ... Und hier ertrinkt er ... –

So endete das Sein für ihn
durch eine Kerze, die nicht schien ...

3
Die Erläuterung

Nun fragen Sie wohl unterdessen:
»Weshalb hat sie das Licht vergessen?«
Weil sie, wie so das Schicksal spielt,
die Post erst Montag früh erhielt,
und da war es zu spät zum Leuchten,
da lag er schon im Grab, im feuchten ...!

Hätt er ein *Telegramm* geschickt,
wär ihm das Vorhaben geglückt!

Mona Lisa und die Maler

Zu Tizian, dem Maler, schlich
die holde Mona Lisa, und
sie bat ihn: »Bitte maln Sie mich
von vorne – und auch recht schön bunt!«

Der Meister brauchte grade Lire,
drum antwortete er: »Si, Si!
Doch eh die Leinwand ich beschmiere –
wie viel, Madame, bezahlen Sie?«

Da rief sie voll Impertinenz:
»Sie wollen Geld von mir, wieso?
Jetzt gehe ich zur Konkurrenz,
und zwar zu Michelangelo!«

Der war nun leider nicht zu Hause ...
»Ja, wen«, so dachte sie, »gibt es noch?
Ob ich mal schnell nach Holland sause –
zu Rembrandt oder zu van Gogh?«

Es fehlte ihr an Zeit, wie's schien,
und auch an finanzieller Kraft,
so blieb ihr nur noch der da Vin-
ci, und der hat's denn auch geschafft!

Er bracht ihr Lächeln gut zuwege,
die ganze Kunstwelt war besiegt –
verzeiht drum, wenn ich Zweifel hege:
Hätt's nicht ein anderer Kollege
vielleicht doch besser hingekriegt?

Legitim

Mich fragte neulich ein Tenor,
wie mir sein Linkerton in »Butterfly«
gefallen hätt?
Ich sagte ihm:
legitim!
Worauf er mich nicht nur entsetzt,
nein, auch sogar etwas verletzt
berichtigte, dass »legitim«
so gar nicht passe hier und heute,
weil es ja *rechtmäßig* bedeute!
Ich antwortete, dass ich ihm
sehr dankbar sei für seine Lehre –
doch hier der *Umlaut* zu betonen wäre:
recht *mäßig!*

An dich

Liebe Friederike Kempner*!
Als ein weiblich-zarter Klempner
lötest du der Worte Klang,
der dir aus dem Innern drang,
aneinand – mal kurz, mal lang.

Darum Dank den Vorefahren,
die nicht nur aus Schlesien waren,
sondern dich auch dort gebaren!

Unsrer Seele tiefen Schacht
hast du voll gemacht!

---

* *1836 dem Ei entschlüpft, 1904 als »schlesischer Schwan«
   eingegangen – auch in die Literaturgeschichte.
   Freiwilllige Erfinderin des unfreiwilligen Humors.*

Tannhäuser

oder

Die Meistersinger in der Wartburg
(in 5 Abteilungen)

1
Es saß, laut Richard Wagners Werk,
Herr Tannhäuser im Hörselberg –
doch nicht allein, das war es eben:
Die Dame Venus saß daneben.
Sie war begabt mit ganz enormen,
doch angenehmen Körperformen
und schmiegte sich an seine Lende.
Er drückte ihr dafür die Hände.
Dann sangen beide ein Duett,
und vorne tanzte das Ballett.

Sie liebte und liebkoste ihn,
und grade das erboste ihn!
Das immer gleiche Einerlei,
das tägliche Tandaradei,
das viele Tanzen und die Lieder
war'n bald dem Tanni höchst zuwider,
weshalb er – es war kurz vor zehn –
ganz plötzlich ausrief: »Lass mich gehn!
Mich hält nichts mehr! Leb wohl, ich muss!«
Worauf sie sprach: »Red keinen Stuss!

Du bist mein Held, du bist mein Sänger!
Verweil doch noch ein wenig länger!« –
Und so blieb alles wie vorher:
das Singen, Tanzen und auch er.

2
Inzwischen waren Tage, Wochen
und Monate ins Land gekrochen,
als Tannhäuser plötzlich erwachte,
doch anders, als er es sich dachte:
Er lag, statt auf der weichen Chaise,
im harten Gras! Es roch nach Käse,
und eine Magd mit ganz enormen,
doch nicht so guten Körperformen
behütete der Kühe Herde,
auf dass sie nicht gestohlen werde.

Sofort befragte er die Maid
nach Ort der Handlung und der Zeit
und sah zur Linken und zur Freude
ein gar gewaltiges Gebäude;
und aus der Magd geräum'gen Munde
vernahm er dann die frohe Kunde,
dass dieses Bauwerk hoch und hehr
die so genannte Wartburg wär.
»Die Wartburg? Die ist mir bekannt!«,
sprach da der Venus-Emigrant,
»ich will mich jetzt dorthin bemühen!
Leb wohl! Empfiehl mich deinen Kühen!«

3
Als Tannhäuser sein Ziel erreicht
– das Gehen fällt ihm noch nicht leicht –
und er dem Tor der Wartburg naht,
da hält ihn an ein Wachsoldat:
was er hier wünsche oder wolle
und dass er sich entfernen solle!
Hier fände heut ein Wettkampf statt,
doch nur für den, der Stimme hat!
»Dann bin ich richtig! Auf das Tor!
Lass mich hinein! Ich bin Tenor!«
Nachdem er so sich ausgewiesen,
lässt der Soldat passieren diesen.

4
Herr Tannhäuser betrat die Halle,
und, sieh mal an, hier war'n sie alle:
Hans Sachs, Jung-Siegfried, und selbst Hagen,
der aus Westfalen, wollt's mal wagen!
Auch 'n Holländer war da als Streiter!
(Es gab schon damals Gastarbeiter!)

Herr Tannhäuser erfuhr inzwischen
die Regeln, um hier mitzumischen:
Das, was er singt, sei einerlei,
wenn's nur von Richard Wagner sei!

Der Eschenbach war grade dran
mit'm »Abendstern« – und er gewann
die allermeiste Sympathie.
Kein Wunder bei *der* Melodie!

Und dann betrat die wunderschöne
Elisabeth von links die Szene!
Man zollte recht viel Achtung ihr,
denn sie war ja die Chefin hier!

Sie plauderte, was so passiert sei
und dass die Halle renoviert sei,
weshalb sie hoch und breit und lang
von ihrer »teuren« Halle sang!

Doch schließlich ging ihr Lied vorüber,
und auch der Tannhäuser ging lieber ...

5
Er ging – und stand nun vor dem Tor.
Da kam ein langer Pilgerchor,
der grade nach Italien strebte
und hauptsächlich vom Singen lebte.

Als er den Pilgerzug erblickte
schrie er, sodass er fast erstickte:
»Hinweg ihr Socken und ihr Schuhe,
's wird Zeit, dass ich jetzt Buße tue!
Wie sündig ist mein ganzer Leib!
Wer schert mein Haar? Was schert mich Weib?
Auch ich kauf mir so eine Kutte!
Ich pfeif auf Venus, diese –!« – »Nun«,
sprach da des Pilgerzuges Leiter,
»so pilgre mit uns! Gleich geht's weiter!«
»Ich bin für euch nicht gut genug!
Geht! Ich komm mit dem nächsten Zug!« –

Ob er nun tatsächlich gezogen
gen Rom – oder gelogen
(wir wollen nur das Erste hoffen!),
bleibt offen …

Das hat sie nun davon*

1
Die Verhaftung

Schwarzes Haar und schwarze Kleider,
Kraft im Blick und in den Armen,
das war – man muss sagen: leider! –
sie, die Jungfrau namens Carmen.
Ihre Lage war das »mezzo«
und auch sonst recht unerfreulich,
aber mancher Spanier hätt so
gern mit ihr mal – – – ! Grade neulich
kam da einer aus Sevilla
mit dem Hut aus schwarzem Lacke,
doch sie rief: »Sei'n Sie bloß still, ja?!«,
und sie schlug ihn auf die Backe.

Darauf musste Don José sie,
Leutnant und Tenor, verhaften,
als er aber aus der Näh sie
sah, konnt er das nicht verkraften:
Heimlich machte er den Strick los,
welchen er um sie gebunden,
tauschte mit ihr einen Blick bloß,
und schon waren sie verschwunden ...

---

* *Aus diesem strapazierfähigen Stoff wurde bereits eine haltbare Oper angefertigt!*

2
Die Flucht

Im Gebirge, ganz im Freien,
lebten beide ihrer Liebe;
doch bald gab es Streitereien,
und nicht das nur, nein, auch Hiebe!
Einzeln durch die Pyrenäen
sah man sie dann schmutzig kriechen,
konnten sich nun nicht mehr sehen
und vor allem nicht mehr riechen ...

Er wurd aus der span'schen Wehrmacht
in absentia ausgewiesen,
sie sprach: »Dumm, wer es sich schwer macht,
es gibt andere als diesen!«
Und schon eilte sie zu Tale,
um hier unten in dem raschen
Bache oder auch Kanale
endlich sich den Hals zu waschen.
Das hätt sie nicht machen sollen,
denn sie kriegte Schwierigkeiten ...

Wenn Sie Nähres wissen wollen,
lesen Sie die nächsten Seiten!

3
Der Stierkampf

Spanier sind fromme Christen,
gegen Satan sind immun sie,
trotzen mancherlei Gelüsten,
aber Tiere quälen tun sie.
»Tiere haben keine Seele«,
so wird nämlich dort gepredigt,
»drum ist's gut, dass man sie quäle,
bis sie tot sind und erledigt!«

Heute gab es wieder so 'nen
bösen Tag, um froh zu morden.
Männer, Mütter und Matronen –
und auch Kinder – kam'n in Horden.
Carmen saß auf der Empore
nach den Wochen der Entbehrung,
und sie sah die Matadore,
und ihr Blut geriet in Gärung:
»Das sind endlich wieder Männer!!
Der Tenor José, der war nichts!
Er war nur ein müder Penner,
ein Versager und sonst gar nichts!!« –

Endlich kam der *Star*, der letzte
Matador, der Größten einer!
Durch die Blutarena hetzte
er den Stier wie vor ihm keiner!

Nach dem *dritten* Stich schon sah man
tot das Tier zusammenbrechen ...
Carmen schrie erregt: »Hurra, Mann!
Wo kann ich Sie gleich mal sprechen?!«
Und im jubelnden Getobe
rief der Bariton: »Komm, Dame!
Komm in meine Garderobe!!«
(Escamillo war sein Name) ...

Flugs zu ihm enteilte Carmen
– weil er ihr ja zugewinkt hat –,
und sie lag in seinen Armen,
eh er sich noch abgeschminkt hat ...

4
Das Ende

Da – (»Bin ich dein liebes Rehlein?«,
hörte man sie grade fragen) –
stürzte plötzlich Don José rein,
ohne »guten Tag« zu sagen.
Escamillo mit Grandezza bat ihn:
»Woll'n Sie sich nicht setzen?«,
doch José, der violett sah,
hatte keine Lust zum Schwätzen.

Schon ergriff er seinen Degen,
der geschärft und vorne spitz war
(Escamill verschwand verlegen
in der Wand, wo grad ein Schlitz war),
da fiel Carmen auf die Kniee,
bat: »Hör, wie sich alles fügte ...«
doch er stach nach ihr – und siehe:
dieser *eine* Stich genügte!

Im Gesicht wurd weiß wie Schnee sie ...
Ihr blieb keine Zeit zum Beten,
darum seufzte schnell »olé« sie,
und dann war sie weggetreten ...
Ihn doch hinderten zwei Fäuste,
aus dem Fenster rauszuklettern – – –

So, nun wissen Sie das meiste,
brauchen nicht mehr umzublättern ...

Querschnitt durch Verdi

Othello war schwarz wie ein Mohr
und ziemlich klug – obwohl Tenor –
und lebte nicht ganz ledig
in Venedig.

Doch eines Tags sah er *Aida*
und sprach zu sich: »Wer ist denn die da?
Die ist mein Typ – die wär mein Fall so!«
Na also!

Doch hat ihr Vater *Rigoletto*
für sie 'nen andern Mann in petto:
Don Carlos hieß der Mann in spe.
Olé!

Sie aber liebte einen Dritten.
Den brauchte sie nicht lang zu bitten,
den Rhadames; denn der war nur
Troubadour!

Doch der sang seine Serenatas
viel lieber vor dem Haus *Traviatas!*
Sie lauschte ihm auf dem Balkone
mit »ohne«.

Vielleicht hat er zu oft gesungen –
egal, sie kriegte kalte Lungen;
und, von dem Nachtwind angepustet,
hat sie dem Rhadi was gehustet.
Da sagte sich der Liebessänger:
»Die steckt mich an! Ich sing nicht länger!«
Und er verließ die Kranke.
Na danke! –

Aida aber und Othello
entleibten sich – das ging ganz schnell, oh! –
in Verona.
Aida wegen Rhadames,
Othello wegen Madame *Des-
demona* ...

Hallo, Schwan!

Schon lange vor der Eisenbahn
gab's als Transportmittel den Schwan.
Wolltst du verreisen noch so weit:
Ein Schwan mit Kahn stand stets bereit!
Du nanntest ihm das Endziel bloß,
stiegst ein, und, hui, schon ging es los!

Nun war – ganz in der Näh vom Grale –
so eine Art von Schwan-Zentrale,
in der erregt ein Herr erschien
und rief: »Ich bin der Lohengrin!
Und haben Sie wohl an der Hand
'nen Schwan? Ich muss gleich nach Brabant!
Ich bitte um ein schnelles Tier,
denn Elsa ruft schon sehr nach mir!
Auch hätt ich – sagen Sie's der Leitung! –
den Schwan gern mit Musikbegleitung!« –

Was weiter war – und wie's gewesen,
bitt ich bei Wagner nachzulesen!

Herr Schnabel

Herr Schnabel war als Lohengrin
bemüht, ihn stimmlich zu gestalten.
Als Elsa rief, und er erschien,
da konnt den Schnabel man nicht halten.
Er war der Ritter und der Mann,
kurz, der Vertreter seines Faches,
sowohl als Kämpfer als auch dann
im Inneren des Brautgemaches.
Nachdem er schließlich mit dem Schwan,
laut Textbuch, wieder weggefahren,
da hub das Händeklatschen an
von denen, die zugegen waren.
Nur einer meinte auf dem Rang
zu einem andern Herrn aus Sachsen:
»Der Schnabel, der heut wieder sang,
dem war der Vogel hold gewachsen.«

Beckmesser*

Er war ein angesehner Herr
und wohl der Klügsten einer,
doch spricht von ihm als Kriti-Kerr**
– und auch als Mensch – heut keiner!

Wie bös hatte er Wagners »Ring«
und Bruckners Werk verrissen,
auch von Puccinis »La Bohème«
wollte er nicht viel wissen!

Wie lobte er den Meyerbeer
und Straußens »Ritter Pasman«!
Was er getadelt, lebt noch heut –
was er gelobt, vergaß man!

Merke:
Der Irrtum ist der Menschen liebstes Kind,
besonders, wenn sie Rezensenten sind!

---

* *Gemeint ist hier der Wiener Musikkritiker Eduard Hanslick (1825–1904).*
** *Kerr, Alfred (1867–1948), auch 'n berühmter Kritiker.*

Was es nicht alles gibt

Zunächst ist da der Vorhangmann –
eh der nicht zieht, fängt es nicht an!
Sehr nützlich ist der Inspizient –
er klingelt immer, ruft und rennt!
Für's Haar ist wichtig die Frisöse –
für'n Text nicht minder die Sufflöse!
Den Anzug bügelt der Gardrober –
das Bier bringt der Kantinenober!

Dann gibt es die Kulissenbauer –
und Komiker, die immer sauer!
Es gibt den Held, den Bongwiwang
und die Suhbrette mit Gesang!
Heldenmutter – Heldenvater –
auch diese braucht man am Theater!

Wen gibts denn noch? – Den Intendanten!
Und dann vor allem: INTRIGANTEN – –
Intriganten – Intriganten – Intriganten –

Der Schauspieler

Er sprach zu der Theaterleitung,
nachdem er dreimal ausgespuckt:
»Mein Name steht in dieser Zeitung
nie eingerahmt, nie fett gedruckt!
Dabei spiel ich die längsten Rollen,
mal bin ich heldisch, mal geduckt,
ich probe auch, solang Sie wollen,
doch niemals bin ich fett gedruckt!«

Ganz ohne Probe selbstverständlich
starb gestern er, hat kaum gezuckt ...
Heut steht er in der Zeitung endlich
schön eingerahmt und fett gedruckt!

Ihr Drang

Für das Theater schwärmt sie schon
seit ihrem zwölften Jahre,
da sah sie nämlich »Romeo«
von W. Schakespeare.
Und weil ihr Drang zur Bühne groß,
groß wie der Himalaja,
drum kauft sie sich für zwo Mark zehn
das Buch »Die Bühne Maja«.

Moderne Sinfonie

Droben sitzet die Kapelle,
festlich und gestimmt ist sie.
Schon ertönt die dritte Schelle,
gleich beginnt die Sinfonie.

Nun wird's stille; denn es zeigt sich
der Maestro, wohlbefrackt,
steigt aufs Podium, verneigt sich,
dreht sich um und schlägt den Takt.
Geiger geigen, Bläser blasen,
Pauker pauken, Harfe harft – – –
alle Noten dieses Werkes
werden schonungslos entlarvt ...

Droben schwitzet die Kapelle,
auch der Dirigent hat's satt!
Morgen können wir dann lesen,
ob es uns gefallen hat ...

Der Geiger

Unterm Arm die Violine,
auf dem Haupte Brillantine,
so besteigt mit ernster Miene
er die kunstverseuchte Bühne.
Mit den Haaren von dem Pferde
streicht er, weit entrückt der Erde,
voll Gefühl und Herzenswärme
über straff gespannte Därme.
Und der Lauscher dieser Handlung
denkt, infolge innrer Wandlung,
an die Pfoten grauer Katzen:
Auch ein Geiger kann gut kratzen!

Ein Pianist spielt Liszt

O eminenter Tastenhengst,
der du der Töne Schlachten lenkst
und sie mit jeder Hand für sich
zum Siege führst, dich preise ich!

Du bist ein gottgesandter Streiter,
ein Heros, ein Akkordarbeiter.
Im Schweiße deiner flinken Finger
drückst du auf jene langen Dinger,
die man gewöhnlich Tasten nennt,
und die, grad wie beim Schach, getrennt
in Schwarz und Weiß ihr Dasein fristen,
als Requisit des Pianisten.
Doch nicht nur deiner Finger Schwielen
brauchst du zum Greifen und zum Spielen,
nein, was man meistens gar nicht glaubt:
du brauchst dazu sogar dein Haupt!
Mal fällt's, als ob du schlafen musst,
auf deine stark erregte Brust,
mal fällt's mit furchtbar irrem Blick,
so weit es irgend geht, zurück,
und kommst du gänzlich in Ekstase,
hängt dir ein Tropfen an der Nase.
Und hast du endlich ausgerast,
sagt sich der Hörer: Liszt – not last!

O eminenter Tastenhengst,
der du der Töne Schlachten lenkst
und sie mit jeder Hand für sich
zum Siege führst, dich preise ich!
Und jeder Hörer merkt alsbald:
Du siegst mit Liszt, nicht mit Gewalt!

Die Sängerin

Reihen, Stühle, braune, harte.
Eintritt gegen Eintrittskarte.
Damen viel. Vom Puder blasse.
Und Programme an der Kasse.
Einer drückt. Die erste Glocke.
Sängerin rückt an der Locke.

Leute strömen. Manche kenn ich.
Garderobe fünfzig Pfennig.
Wieder drückt man. Zweite Glocke.
Der Begleiter glättet Socke.
Kritiker erscheint und setzt sich.
Einer stolpert und verletzt sich.

Sängerin macht mi-mi-mi.
Impresario tröstet sie.
Dritte Glocke. Schrill und herrisch.
Sie erscheint. Man klatscht wie närrisch.
Jemand reicht ihr zwei Buketts.
Dankbarkeit für Freibilletts.

Und sie zuckt leis mit den Lippen.
Beugt sich vor, als wollt sie kippen.
Nickt. Der Pianist macht Töne.
Sängerin zeigt weiße Zähne.
Öffnet zögernd dann den Mund.
Erst oval. Allmählich rund.

Und – mithilfe ihrer Lungen
hat sie hoch und laut gesungen.
Sie sang Schumann, Lincke, Brahms.
Der Beginn war acht Uhr ahms.
Und um elf geht man dann bebend,
aber froh, dass man noch lebend,
heimwärts. Legt sich müde nieder. – – –
Morgen singt die Dame wieder.

Der Bach
(Dem gleichnamigen Komponisten gewidmet)

Tagtäglich fließt der Bach durchs Tal.
Mal fließt er breit, mal fließt er schmal.
Er steht nie still, auch sonntags nicht,
und wenn mal heiß die Sonne sticht,
kann man in seine kühlen Fluten fassen.
Man kann's aber auch bleiben lassen.

Der Frosch

Der Sänger spricht zum Gard'robier:
Um Himmels willen, horch mal!
Ich habe einen Frosch im Hals,
besorg mir einen Storch mal!

Ein Männergesangverein

Fünfzig Herren über fünfzig
sitzen um des Tisches Rund.
Und sie essen und sie trinken
und sie wischen sich den Mund.

Da! Der Vorstand schwingt die Glocke,
und es wird ganz mäuschenstill,
denn die Glocke ist das Zeichen,
dass er etwas sagen will.
Und als er genug geklingelt –
ja, das Klingeln macht ihm Spaß –,
steht er auf und spricht gewichtig:
Na, ich denk, wir singen was!
Der Kapellmeister sucht emsig,
wo die Stimmgabel wohl steckt – – –
in der hintern Hosentasche
hat er endlich sie entdeckt.
Und er führt zum Ohr die Gabel
und macht »aaaaah« – das ist der Ton,
den man nötig für den Einsatz
hat; doch, horch, sie singen schon!
Und sie singen viel von Liebe
und von Sehnsucht und vom Mai,
und elf Verse hat dies Liedel,
und dann geht auch das vorbei.

Müde von der Armbewegung
senkt der Dirigent den Stab,
müde von den tiefen Tönen
wischt der Bass den Schweiß sich ab.

Der Tenor erzählt begeistert,
wie ihm heut das »fis« gelang,
und der Bariton, sich räuspernd,
sagt: »Wie gut ich heute sang!«

Doch dann sitzen alle fünfzig
wieder um des Tisches Rund.
Und sie essen und sie trinken
und sie wischen sich den Mund ...

Die Tänzerin

Erst tanzt sie nach rechts, dann tanzt sie nach links,
dann bleibt sie in der Mitte.
Dann tanzt sie nach links und wieder nach rechts,
sie hat so ihre Schritte.
Dann hebt sie den Arm, dann senkt sie das Haupt,
voll Schmerz sind ihre Züge.
Dann hebt sie das Haupt, dann senkt sie den Arm,
sie tanzt »Die fromme Lüge«.
Dann geht sie zurück und dann geht sie vor,
sehr schön ist dieser Vorgang.
Dann reißt sie sich hoch und dann fällt sie hin,
und dann fällt auch der Vorhang.

An einen Schlagerkomponisten

Willst du Schlager fabrizieren,
weil so wenig existieren,
so ergreife deine Feder
oder auch den Blei entweder
und versuche zu notieren,
was gerade du ersannst.

Doch musst du dich dagegen wehren,
etwas Neues zu gebären;
denn nur das, was alt und mager,
wird ein so genannter Schlager,
nach dem alles singt und tanzt.

Sieh dir deine Gattin an:
Von den Fraun lernst du behände,
wie du ältere Bestände
wieder aufarbeiten kannst …!

Fräulein Mabel*

(Der Verfasser bittet, diesen Namen, wie so vieles heute,
Englisch auszusprechen, also *Mebel*. Diese Bitte bezieht
sich natürlich auch auf die entsprechenden Reimwörter.
Danke!)

Alle Frauen, die
mit tausend Reizen ausgestattet,
durch das Weichbild unsrer Stadt lustwandeln, die
habe ich nicht lieb, denn
die sind nicht mein Typ, ich
brauche etwas andres fürs Gemüt. Zum Beispiel:
Fräulein Mabel, die
durch wenig Schönheit ausgezeichnet,
still und unbemerkt durchs Leben schreitet, ist
mir nicht einerlei, und
weil sie mir stets treu, drum
widme ich ihr dieses schöne Lied!

---

* *Dieses Chanson hatte der Verfasser zu Beginn seiner kabarettistischen
Tätigkeit ungefähr 3137-mal am Klavier vorgetragen. Er bittet alle
Geschädigten, die seinerzeit Zeugen dieses Vortrages wurden, aber heute
noch leben, nachträglich um Verzeihung.*

Kennen Sie denn schon das Fräulein Mabel?
Würden Sie sie sehn, würd's Ihnen abel!
Beine hat sie dünn so wie ein Säbel –
meine süße kleine Freundin, Fräulein Mabel.
Kennen Sie denn schon das Fräulein Mabel?
Ausgeschnitten geht sie bis zum Nabel,
deshalb hab ich auch für sie ein Faible –
für die süße kleine Freundin, Fräulein Mabel.
Manche gibt es, die mir heute
dieses stille Glück nicht gönnen
nur deshalb, weil diese Leute
so was nicht verstehen können!
Kennen Sie denn schon das Fräulein Mabel?
Sie bewohnt gleich nebenan 'ne mabel-
ierte kleine Wohnung unterm Gabel –
meine süße kleine Freundin, Fräulein Mabel.

Fernsehen

Damit man sähe, was man höre,
erfand Herr Braun die Braunsche Röhre.

Wir wär'n Herrn Braun noch mehr verbunden,
hätt er was anderes erfunden.

Zum 25. August 1967
(Einführung des Farbfernsehens)

Das Fernsehprogramm, von dem Ersten bis Dritten,
das hatte, ich sage es nur beklommen,
an einer langwierigen Krankheit gelitten –
drum hat man es in Behandlung genommen.

Seitdem ist das Fernsehen unbestritten
gesundet. Es hat sogar Farbe bekommen …

Zweifel

Nein, nicht jeder Filmakteur
treibt mit dem Talent Verschwendung,
und nicht jeder Fernsehstar
glaubt an sich und seine Sendung.

Mancher Ofen heizt die Luft
überm Haus und drinnen rußt er,
mancher wird ein Diplomat
und bleibt trotzdem nur ein Schuster.

Mancher Käpt'n, der zur See
schiffen möcht, kahnt auf der Weser,
mancher hadert mit dem Sein
und dem Ich. Und du, mein Leser?

Verehrerpost

Wir kennen Sie vom Fernsehn –
und weil wir Sie so gern sehn,
so möchten wir Sie nah sehn!
Könn'n wir Sie nicht mal da sehn,
wo Sie zu Hause sind?
Es grüßt mit Frau und Kind
Fritz Stindt

Geschichten um Ritter Fips von Fipsenstein

Ritter Fips und seine erste Rüstung

Als sie den Ritter Fips im Jahr
elfhundertsiebenzehn gebar,
zog die Mama dem kleinen Mann
als Erstes eine Rüstung an,
die sie, bei Nacht und oft ermüdet,
für ihn gelötet und geschmiedet,
damit er gegen allerlei
Gefahren wohlgerüstet sei.

Schlussfolgerung:
Die Rüstung muss, ist man noch klein,
besonders unten *rostfrei* sein.

Ritter Fips und das Hirn

An einem Sonntag frug Klein Fips
seine Mama: »Mama, was gib's
denn heute Mittag sozusagen
zu essen? Darf ich das mal fragen?«

»Gewiss«, sprach sie mit mildem Glanz
im Auge, »heute gibt es ganz
was Feines, etwas für verwöhnte Mägen
und fürn Verstand: Heut gibt es Brägen!
Davon kriegst du, mein lieber Sohn,
gleich eine *doppelte* Portion!«

Schlussfolgerung:
Doch selten nur, lehrt die Erfahrung,
ist Hirn, gebraten, *geist'ge* Nahrung.

Ritter Fips als Kind

Der kleine Fipsi war als Kind
ganz anders als sonst Kinder sind:
Nie zog er einen Hund am Schwanz,
und auch Insekten blieben ganz.

Er biss auch seine Amme nie,
wusch ihn mit einem Schwamme sie.

Schlussfolgerung:
Nicht immer bleibt ein Rittersmann
so tugendhaft, wie er begann.

Ritter Fips und das Geigenspiel

Mit falschen Tönen, doch nicht feige,
strich Fips die Saiten seiner Geige,
bis ihm die Mutter sagte: »Fips!
Ich tret nicht gern dir auf den Schlips!
Doch darf ein Fips von Fipsenstein
nicht bloß ein kleiner Geiger sein!

Du bist der Mitwelt *Größres* schuldig!«
»Na schön«, sprach da der Sohn geduldig,
»ich weiß was Größeres: Ich latsche
zu Meister Bim und lerne *Bratsche!*«

Schlussfolgerung:
Man kann, des größren Hohlraums wegen,
weit mehr noch in ein *Cello* legen.

Ritter Fips und die Schule

Der Knabe Fips (sehr traurig das!),
der hatte gegen's Lernen was!
Zum Beispiel: Schreiben oder Lesen –
dies beides lag nicht seinem Wesen,
und auch dem Rechnen mit den Brüchen
war er beharrlich ausgewichen.

Doch was er schätzte, selbst in Serien,
das waren jedes Mal die Ferien,
die er von sich aus noch ergänzte,
indem er gern die Schule schwänzte.

Schlussfolgerung:
Man sieht aus diesem allen klar,
dass Fips normal veranlagt war.

Ritter Fips und das Küchenpersonal

Des jungen Fipsen liebste Schliche,
das waren die in Richtung Küche.

Zuerst stand er am Herd und roch,
was er da Schönes kocht, der Koch;
doch galt hauptsächlich sein Intresse
nicht etwa dem, was er heut esse
mitnichten: Es galt der Mathilde,
der Antje, aber auch der Hilde,
die Teller wuschen, Silber putzten
und so der Küche trefflich nutzten.
Mit diesen Damen trieb der Sohn
des Hauses dann Konversation.

Schlussfolgerung:
Der Jugend Hang für Küchenmädchen
konnte schon Wilhelm Busch bestät'chen.

Ritter Fips und des Nachbarn Bier

Der junge Ritter Fips begab sich
sehr oft zum Nachbarschloss. (Er hab sich,
so wurde allgemein gedacht,
des Nachbarn Tochter angelacht.)
Jedoch war für den stillen Wandrer
der Grund zum Wandern ein ganz andrer.

Er wollte eruiern, ob durch
die Erdkruste von Burch zu Burch
es möglich wär, 'nen Gang zu graben,
um einen kürzern Weg zu haben.
»Denn«, sprach er, »drüben ist das Bier
viel würziger als hier bei mir! –
Dann könnt ich zusätzlich erwägen,
aus Schläuchen Leitungen zu legen,
die, unsichtbar für Nachbaraugen,
durch diesen Gang das Bier hersaugen.
Ich hätte dann, wenn's keiner merkt,
genug vom Trank, der mich so stärkt!«

Doch leider, wie so oft im Leben,
ging dieser böse Plan daneben!

Eine gewalt'ge Feuersbrunst
hüllte des Nachbarn Schloss in Dunst!
Man spritzte zwar aus allen Rohren,
doch schien die Burg total verloren,
bis einer schließlich darauf kam
und *'s Bier* zur Brandbekämpfung nahm –
und siehe da, das Bier war gut:
Es bändigte des Feuers Wut!
Doch dadurch war Herr Fips der Sorge
enthoben, wie er Bier sich borge.

Schlussfolgerung:
Das Bier löscht nicht nur, wie bekannt,
den Durst. Nein, es löscht *jeden* Brand.

Ritter Fips und die Diät

Des edlen Ritters Fips Bestreben
ging dahin, streng Diät zu leben,
denn er entdeckte dies: Stieg ganz er
vom Kopf bis Fuß in seinen Panzer,
nachdem er aß, was sie ihm brieten,
dann platzte er aus allen Nieten.
Deshalb genoss er ohne frohes
Gefühl Gemüse – und nur rohes.

Wie floss das Wasser ihm zusamm'
im Mund, sah er ein fettes Lamm!
An Suppen dacht er mit App'tit,
die er, genau wie Pudding, mied!

Jedoch, durch den Entzug des Fetts,
der Karbonaden und Kotletts
geriet gar bald in Harnisch er –
und siehe, plötzlich passte der!

Schlussfolgerung:
Den Harnisch schafft der kluge Mann
sich gleich 'ne Nummer größer an.

Ritter Fips als Held

Der Ritter Fips beschloss verwegen,
ein Ungeheuer zu erlegen,
das, gar nicht weit von seinem Schloss,
die Untertanen sehr verdross.
Es war viel größer als ein Bär
und zehnmal kräftiger als der.

So stieg Herr Fips denn auf den Wallach,
verabschiedete sich überall, ach,
und ritt dann voll des Ungestüms
zum Wohnsitz dieses Ungetüms.
Und da geschah's, dass kurz vorm Ziel
er aus Versehn vom Pferde fiel. –

Bald drauf, den Kiefer ausgeklinkt,
kam er per pedes heimgehinkt.
(Das Ross lief, gleich nach diesem Fall,
nach Haus und stand bereits im Stall.)

Es herrschte Jubel angesichts
des Helden – doch er sagte nichts ...

Schlussfolgerung:
Es hat nur selten der gesprochen,
der sich den Kiefer grad gebrochen.

Ritter Fips und das Zahnweh

Herr Fips bemerkte kummervoll,
dass ihm die eine Backe schwoll.
Das war an sich nicht schlimm, jedoch
der Schmerz, der aus dem Zahnloch kroch,
der bohrte, zog und quälte ihn.

Da bat Herr Fips um Medizin
den Doktor Stups. Der braute einen
gesunden Trank aus Mückenbeinen,
aus dem Urin der Vogelspinne –
(auch etwas Milz vom Frosch war drinne) –
und noch so was ... Da sprach der Kranke,
als er das Tränklein sah: »Nein, danke!
Eh gegen Schmerzen aus dem Kelche
ich trinke, hab ich lieber welche!«

Schlussfolgerung:
Es werden Schmerzen erst, nachdem
sie nachgelassen, angenehm.

Ritter Fips und das Echo

Herr Fips, geharnischt und beschildet,
war in Musik recht ungebildet,
doch wurd es Frühling und dann Mai,
vielleicht auch Juni, einerlei,
dann griff er mutig in die Saiten,
um sich zur Laute zu begleiten
zu Weisen, welche ihm entwichen
und eher einem Brüllen glichen.

Bis zum Gebirg drangen die Lieder
und kamen dann als Echo wieder,
sodass man sie, was jeden störte,
nach kurzer Zeit noch einmal hörte.
Doch wagte niemand, Fips zu zwingen
zur andern Seite hinzusingen,
wo eine, weil dort flach das Land,
Gefahr des Echos nicht bestand.

Schlussfolgerung:
Die von Gesang nicht viel verstehn,
die lassen auch am besten den.

Ritter Fips und die Jungfrau

Bei jedem Wetter, auch beim Sturme,
rief man es mehrmals laut vom Turme:
»Hört, Leute, was wir euch verkünden:
Fips will eine Familie gründen!
Drum wünscht und hofft er, dass in Bälde
sich eine Jungfrau bei ihm melde!«

Es hub ein Suchen an und Spähen,
doch keine Jungfrau war zu sehen.
Die einzige, die man gefunden,
wurd grad von einem Kind entbunden.

Schlussfolgerung:
Will jemand eine Jungfrau frein,
darf er nicht so penibel sein.

Ritter Fips und der zweiköpfige Drache

Es schaffte sich der Rittersmann
Fips einen alten Drachen an,
der durch sein grimmes Köpfepaar
natürlich doppelt wachsam war:
Wenn ein Kopf grade schlafen tat,
dann war der andere auf Draht!

Doch fraß der Drache, stark und sehnig,
für die zwei Köpfe äußerst wenig:
man reichte ihm alle drei Wochen
'ne rohe Magd mit ohne Knochen.

Und fraß er sie, dann briet er sie
im Feuer, das er ständig spie.

Schlussfolgerung:
Recht sparsam und 'ne feine Sache
ist ohne Zweifel so ein Drache.

Ritter Fips und das Burgverlies

Fips sprach zu seinem Knappen dies:
»Wir steigen jetzt ins Burgverlies!
Besorg uns eine Menge Lichts,
denn: ist es dunkel, sieht man nichts!«

Da sprach der Knappe voll des Leids:
»Geh nicht hinunter, Herr, vermeid's!«
»Schön«, sagte Fips, »wenn du dich bangst,
bleib oben! *Ich* hab keine Angst!«
Und schon sah man mit Zuversicht,
mit Gottvertrauen und mit Licht
ihn in den Keller abwärts steigen ...
Er war allein ... Ihm wurde eigen ...

Da! Plötzlich saß dort, nein, wie nett,
ein Mensch! Vielmehr nur sein Skelett.
Ihm fehlten Haar, Fleisch und Gesicht –,
doch störte das den Ritter nicht!
Im Gegenteil, er fand es fein,
dann war er hier nicht so allein!

Mithilfe seines Lichts besah
er sich den Toten von ganz nah –,
und da erschrak er dann denn doch,
als aus dem Mund 'ne Kröte kroch ...

Schlussfolgerung:
Das Angstgefühl im Burgverlies
verlässt dich erst, verließt du dies.

Ritter Fips und des Sängers Fluch(t)

Herr Fips sprach zu dem Knappen Heiner:
»Nanu, da draußen singt ja einer?!
Gib ihm zwei Groschen, und er möge
bald sehen, dass er weiterzöge!
Und sag ihm, dass hier niemand wohne,
für den zu singen es sich lohne!«

Der Knappe tat, wie man befahl.
Da trat der Sänger in den Saal,
warf Fips die Groschen ins Gesicht:
»Den Dank, Ritter, begehr ich nicht!
Du bist ein Geizhals! Bist verrucht!«
und ging. Das war des Sängers Flucht.

Schlussfolgerung:
Man gebe Sängern für die Lieder
nie zu viel Geld. Sonst komm'n sie wieder.

Ritter Fips und der Magere

Es war bekannt, dass Ritter Fips
zwar Kraft besaß, doch wenig Grips,
denn fragte man ihn was beim Quiz,
nie wusste er dann, was es is'!

Da so was peinlich ist auf Reisen,
war Dr. Hadubrand zu preisen,
der, äußerst mager von Figur,
ab nun stets mit dem Ritter fuhr.

So konnte diesem bei Turnieren,
bei geistigen, nicht viel passieren,
denn machte er sich etwas dünn,
stak Hadu mit im Panzer drin
und konnte so auf alle Fragen
die Antwort leis von hinten sagen!

Schlussfolgerung:
Man muss sich notfalls jemand mieten,
hat man an Geist selbst nichts zu bieten.

Ritter Fips und die Mandeln

Fips – nur um den kann sichs hier handeln!
erkrankte schwer an seinen Mandeln,
weshalb er bat, wenn auch nicht gerne,
dass man die Dinger ihm entferne.

Herr Dr. Stips, der zuständig
für Leiden war, die inwendig,
gab erst einmal, wie früher stets,
Fips einen Schlag auf dessen Dez,
griff dann zu dem Skalpell, dem blanken,
und operierte unsren Kranken.

Seitdem sah man nur ohne Mandeln
Herrn Fips durch die Gemächer wandeln.

Schlussfolgerung:
Warum sich mit den Mandeln quälen?
Man sieht's ja nicht, wenn sie dir fehlen.

Ritter Fips und das Wagenrennen

An manchen hohen Feiertagen
bestieg Herr Fips den Zweiradwagen
und rief: »Ihr Rosse, vier und feurig!
Trabt los! Zu meinem Sieg euch steur ich!«

Und hui!, schon flog das Renngespann
mit Peitschenknall und Rittersmann
durch Wald und Wiesen, Feld und Flur,
und alles staunte: »Wie Ben Hur!«
Er traf auch stets als Erster ein
kein Wunder, er fuhr ja allein!

Schlussfolgerung:
Gibt Pferden man eins hinten drauf,
beschleunigen sie vorn den Lauf.

Ritter Fips und der Zweikampf

Es zog ein reicher Kaufmannssohn
mit Spezerein und Munition
vorbei an Ritter Fipsens Schloss,
was diesen überaus verdross!

Drum kam Fips, vollgetankt mit Bier,
(doch roch man's nicht, weil das Visier,
wie stets bei ihm und bei Gefahr,
bis untenhin geschlossen war)
dem Kaufmannssohn auf schnellsten Wegen
nicht freundlich zwar – aber entgegen.

Der Kampf – denn jeder wollte siegen!
fand statt auf Brechen und auf Biegen,
und nur durch Stellen eines Beins
verlor der Kaufmann null zu eins
und schließlich auch sein Haupt als solches
durch einen scharfen Schnitt des Dolches!

Schlussfolgerung:
Es lohnt sich keinen Hut zu tragen,
endet der Mensch bereits beim Kragen.

Ritter Fips und das Team

Lag Ritter Fips im Bett und schlief –
sein Schlaf war, wie man wusste, tief!–,
befand am Ende von dem Bett
sich stets ein Trio, ein Terzett,
und dies bestand aus gutem Grund
aus *Eule, Sittich* und dem *Hund.*

Die Eule – Wunder der Natur! –
sah alles gut im Dunkeln nur,
drum war ihr Nutzen nicht gering,
falls jemand nachts durchs Zimmer ging.

Der Sittich – das erstaunte jeden! –
vermochte wiederum zu reden.
Und machte ihn die Eule wach,
so dachte er nicht lange nach,
nein, er rief gleich: »Hier spricht der Sittich!
Nun bell mal, blöder Hund, ich bitt dich!«
Und schon ertönte – man war baff! –
ein aufgeregtes »waff-waff-waff«.

Und der Effekt? In Eile nahm
der Feind den Weg, auf dem er kam ...

Schlussfolgerung:
Die Teamarbeit ist, siehe oben,
stets zu empfehlen und zu loben.

Ritter Fips und sein Sekretär

1
Herr Fips gehörte zu der Sorte
von Rittern, denen manche Worte,
wenn sie dieselben schreiben sollten,
nicht richtig von der Feder wollten.

So hielten beispielsweise diese
kaum stand der strengen Expertise:
Triumph und Trumpf! Fips konnt die beiden
Vokabeln schwer nur unterscheiden:
Mal schrieb er *Trumph* mit p und h,
mal stand *Triumpf* mit pf da.

Das wurmte ihn. Drum suchte er
und fand bald einen Sekretär,
der – und nicht diese Wörter bloß
ganz deutlich schrieb und fehlerlos.

Schlussfolgerung:
Ein Sekretär ist auch noch jetzt
– und sei's als Möbel – hoch geschätzt.

2
An einem Morgen sprach Herr Fips
zu seinem Sekretär: »Da, tipp's!
Das hab ich heute Nacht erdacht
und mühsam zu Papier gebracht.
Dann heft es in ein Heft hinein,
es soll meine *Laudatio* sein!«
Und wie dies Machwerk nun gewesen,
ist hier im Folgenden zu lesen:
Eine Laudatio
auf den Ritter Fips von Fipsenstein
vom Ritter Fips von Fipsenstein.

Ich bin der gute Ritter Fips,
bin's selbst und höchstpersönlich!
Mein Aug ist blau, mein Schwert ist scharf,
an mir ist nichts gewöhnlich!
Ich kam zur Welt und bin nun hier
zum Essen und zum Trinken!
Am liebsten trink ich helles Bier –
und ess am liebsten Schinken!

Ich bin der treue Ritter Fips
voll Sanftmut und voll Güte!
Dass ich mal tu, was sich nicht schickt,
das kommt nicht in die Tüte!
Den Reichen nehm ich Geld und Blut,
hab manchen schon begraben –
den Armen aber bin ich gut,
weil die ja doch nichts haben!

Ich bin der edle Ritter Fips,
bin stolz, gerecht und mutig!
Und nur, wenn ich sehr wütend bin,
nur dann gerat in Wut ich!
Nach Heldentaten steht mein Sinn
und auch nach klugen Werken!
Dass ich ein bisschen dämlich bin,
das ist fast nicht zu merken!

Schlussfolgerung:
Man sollte selber was verfassen
über sich selbst, wenn's andre lassen.

Ritter Fips und ein Wochenprogramm

Am *Montag,* noch auf weicher Daune,
litt Ritter Fips an schlechter Laune.
Das war an sich nicht ungewöhnlich:
Den andern Rittern ging es ähnlich.

Am *Dienstag*morgen war der Ritter
bei Nachbarsleuten Babysitter.
Das Kind war siebzehn und hieß Magda –
Herr Fips blieb gleich den ganzen Tag da.

Am *Mittwoch* zählte er mit Mühe
auf einer Wiese seine Kühe.
Dann legte er sich müde nieder
ins Gras und sah auch Magda wieder.

Am *Donnerstag* saß Fips im Garten
und spielte dort mit Magda Karten,
wobei ihm bald ein Nullspiel glückte,
weil er geschickt die Dame drückte.

Am *Freitag* gab's, was Fips nicht mochte,
gebratne Fische und gekochte,
drum schlich er sich mit leerem Magen
zu Magda, wo die Schinken lagen.

Am *Samstag* ritt auf stillen Wegen
ins Grüne er – und das bei Regen,
erfreute sich an Flor- und Fauna
und dann an Magda in der Sauna.

Am *Sonntag* ging, für alle Fälle,
der Ritter in die Schlosskapelle.
Er kniete, dachte nach und lag da
doch das natürlich ohne Magda.

Schlussfolgerung:
Man soll stets gut den Werktag nutzen –
und sonntags seine Seele putzen.

Ritter Fips und der Dichter

Damit's nicht hieße »Fips der Doofe«,
war meistens ein Poet am Hofe,
der musste, wollte er auch bleiben,
für seinen Herrn Gedichte schreiben;
und abends dann, beim Kerzenscheine,
las Fips sie vor, als sei'n es seine!

Schlussfolgerung:
Das, was man so als Dichter schreibt,
vergeht entweder oder bleibt.

Ritter Fips und die Zugbrücke

Wie üblich: Auch um Fipsens Schloss
gab es den Fluss, der es umfloss,
und über ihn, aus einem Stücke,
führte aus Holz die schmale Brücke,
die, wenn man hint' am Seile zog,
sich vorne auf- und abwärts bog.

Durch diese Manipulation
errettete sie öfter schon
Herrn Fips, die Mannen und die Damen
vor Feinden, die von draußen kamen.

Und hinter einer dicken Mauer
lag dieser Zweikopf auf der Lauer,

der Drache, dem auf anderm Blatte
ich noch 'n Gedicht gewidmet hatte.

Schlussfolgerung:
Schon damals waren oft die Grenz-
befestigungen ganz immens.

Ritter Fips und seine Läuterung

Herr Fips gehörte, wie Sie ahnen,
zum edlen Stamme der Germanen,
die immer riefen: »Niemals – nie!
Wir sind die diejenigen, die …!«
Macht, Ruhm und Geld sahn sie im Traum noch,
und arbeiteten sie, dann kaum noch –
im Gegenteil: Aus alten Quellen
weiß man, sie lagen meist auf Fellen
und tranken Bier, das schäumend gelbe …
Herr Fips tat ganz genau dasselbe!

Doch eines Tags – das war ein Ding!
geschah es, dass er in sich ging
und sprach: »Wie ist das Leben stur!
Ab heute trink ich Dunkles nur!«

Schlussfolgerung:
Den andern zur Erheiterung
dient stets die eigne Läuterung.

Ritter Fips und das Blutbad

»Ha«, rief Herr Fips, »was kann es schaden,
ich tu das auch mal: Ich geh baden!
Füllt mir die Wanne, seid so gut,
mit frischem, warmem *Drachenblut!*
Dann bin ich« – (was in aller Mund war) –
»genau wie Siegfried *unverwundbar!*«

Ein Trog wurde herbeigeschafft,
den füllte man mit Drachensaft,
denn Drachen gabs zu der Epoch
in jeder Menge, noch und noch!

Als nun Herr Fips dem Bad entstieg
(vor Augen schon den großen Sieg!),
da merkte unser Rittersmann:
Er hatte noch die Rüstung an ...

Schlussfolgerung:
Wer baden geht, egal in was,
der tue unbekleidet das.

Ritter Fips im Winter

Der Ritter Fips bemerkte bald:
Wenn Winter ist, dann ist es kalt,
drum war sein Harnisch, was von Reiz war,
von Kopf bis Fuß im Innern heizbar.

So schritt er durch die Stadt, doch litt er,
rief man: »Da kommt der warme Ritter!«

Schlussfolgerung:
Nur wer im Kalten sitzt, der weiß es,
was es bedeutet: etwas Heißes!

Ritter Fips und sein Ende

Der edle Ritter Fips war eines
Tags voll des süßen, roten Weines,
worauf er – oh, sein Kopf wog schwer! –
in einen Sarg kroch. Der war leer.
Hier legte er sich rücklings nieder
und schloss den Deckel und die Lider –
nicht überlegend, dass im Off*
es ihm gebrach an Sauerstoff.

Da dieser für die Atmung wichtig,
verschied Herr Fips. Er lag gleich richtig.
Schlussfolgerung:
Man soll in keinen Sarg sich legen,
will man nur kurz der Ruhe pflegen.

---

* *»Off« ist dem Englischen entnommen und bedeutet »Aus«, im übertragenen Sinne auch »Abseits«. Doch diese beiden deutschen Wörter reimen sich nur schlecht auf »Sauerstoff«. Der Verfasser bittet bei den nicht anglophilen Lesern um Nachsicht – wegen der Verfremdung deutscher Lyrik.*

Ritter Fips und sein anderes Ende

Es stand an seines Schlosses Brüstung
der Ritter Fips in voller Rüstung.

Da hörte er von unten Krach
und sprach zu sich: »Ich schau mal nach!«,
und lehnte sich in voller Rüstung
weit über die erwähnte Brüstung.

Hierbei verlor er alsobald
zuerst den Helm und dann den Halt,
wonach – verfolgend stur sein Ziel –
er pausenlos bis unten fiel.
Und hier verlor er durch sein Streben
als Drittes nun auch noch das Leben,
an dem er ganz besonders hing – – –!

Der Blechschaden war nur gering ...

Schlussfolgerung:
Falls fallend du vom Dach verschwandest,
so brems, bevor du unten landest.

In vier Zeilen

In nur vier Zeilen

In nur vier Zeilen was zu sagen
erscheint zwar leicht; doch es ist schwer!
Man braucht ja nur mal nachzuschlagen:
Die meisten Dichter brauchen mehr ...

Wandspruch

Die Arbeit ist oft unbequem,
die Faulheit ist es nicht, trotzdem:
Der kleinste Ehrgeiz, hat man ihn,
ist stets der Faulheit vorzuziehn!

Die Starlets

Jetzt weiß ich endlich auch, wieso
sie Köpfe haben! – Soll ichs sagen?
Sie brauchen dann das viele Stroh
nicht in der Hand zu tragen!

Zu kurz

Kaum, dass auf diese Welt du kamst,
zur Schule gingst, die Gattin nahmst,
dir Kinder, Geld und Gut erwarbst –
schon liegst du unten, weil du starbst.

Nichts

»Gott hat die Welt aus *Nichts* gemacht«,
so steht es im Brevier,
nun kommt mir manchmal der Verdacht,
er macht sich *nichts* aus ihr ...

Zwang

Du musst dich zu sehr vielen Dingen,
willst du sie tun, geradzu zwingen!
Trotzdem wirkt das – was dir gelungen –
oft zwingend leicht und ungezwungen.

An einen jungen Journalisten

Das Schreibenlernen, das begannst
du früh schon zu betreiben;
und doch – obwohl du schreiben kannst –
kannst du bis heut nicht »schreiben«!

Erfreulich

Es ist gewiss viel Schönes dran
am Element, dem nassen,
weil man das Wasser trinken kann!
Man kann's aber auch lassen – – –

Zu spät

Die alten Zähne wurden schlecht,
und man begann, sie auszureißen,
die neuen kamen grade recht,
um mit ihnen ins Gras zu beißen.

Der Snob

Sie reichten Weine mir und Bier
und Schnäpse und dergleichen –
dabei könn'n diese Leute mir
nicht mal das Wasser reichen!

Der Fels

Wenn dir ein Fels vom Herzen fällt,
so fällt er auf den Fuß dir prompt!
So ist es nun mal auf der Welt:
Ein Kummer geht, ein Kummer kommt ...

Unterschied

Wollen wir doch einmal dieses Thema streifen:
Auforäder sind von *Reifen* –
Lehrer aber, die zu lehren sich bestreben,
sind von *Unreifen* umgeben!

Noch 'n Unterschied

Wir fuhren einst zusammen
tagtäglich mit der »Zehn«,
jetzt fahren wir zusammen,
wenn wir uns wiedersehn!

Ein Nasshorn und ein Trockenhorn
spazierten durch die Wüste,
da stolperte das Trockenhorn,
und 's Nasshorn sagte: »Siehste!«

Ich wälze nicht schwere Probleme
und spreche nicht über die Zeit.
Ich weiß nicht, wohin ich dann käme,
ich weiß nur, ich käme nicht weit.

»Ich hol vom Himmel dir die Sterne«,
so schwören wir den Frauen gerne.
Doch nur am Anfang! Später holen
wir nicht mal aus dem Keller Kohlen.

Wenn die Opern dich umbrausen
mit Getön,
dann genieße auch die Pausen:
Sie sind schön.

Ich finde solche, die von ihrem Geld erzählen,
und solche, die mit ihrem Geiste protzen,
und solche, die erst beten und dann stehlen,
ich finde solche, Sie verzeihn, zum Kotzen.

Voller Sanftmut sind die Mienen
und voll Güte ist die Seele,
sie sind stets bereit zu dienen,
deshalb nennt man sie Kamele.

Ich denk nicht gern an jenen Kuss,
den du mir gabst, Helene;
denn wenn ich an ihn denken muss,
dann werd ich müd und gähne.

Manche Dichter gibt es, die be-
nötigen der Sachen vier:
einen guten Reim auf Liebe,
Feder, Tinte und Papier.

Liebe...

Nach Schluss der langen Oper hörte
ich neulich folgende Kritik:
»Was mich an dieser Oper störte,
das war der Schwan und die Musik!«

Es dürfte keine Steuern geben,
kein Zahnweh, keine Schützengräben,
dann wär auf dieser Welt das Leben
vielleicht noch schöner als wie eben!

Ich kann's bis heute nicht verwinden,
deshalb erzähl ich's auch nicht gern:
Den Stein der Weisen wollt ich finden
und fand nicht mal des Pudels Kern.

Man gab uns mancherlei auf Erden:
Zum Denken gab man uns die Stirn,
man gab uns Herz- und Leibbeschwerden,
doch auch den Himmel und den Zwirn.

Sie dienten mir gerne bei jedem Gedicht,
die Substantive und Verben,
doch heute gehorchen sie mir leider nicht –
ich möchte am liebsten sterben.

Mal trumpft man auf, mal hält man stille,
mal muss man kalt sein wie ein Lurch,
des Menschen Leben gleicht der Brille:
Man macht viel durch!

Es soll manchen Dichter geben,
der muss dichten, um zu leben.
Ist das immer so? Mitnichten,
manche leben, um zu dichten.

In Eile

Kaum warst du Kind, schon bist du alt.
Du stirbst – und man vergisst dich bald.
Da hilft kein Beten und kein Lästern:
Was heute ist, ist morgen gestern.

Zellen

Das Leben kommt auf alle Fälle
aus einer Zelle.
Doch manchmal endet's auch – bei Strolchen! –
in einer solchen.

Bier-Fragment

War ich, wo's Bier zu trinken gab,
stell ich die Frage unterwegs mir:
Wenn ich beim Bier geschäkert hab,
bin ich dann wohl ein Schäksbier?

Die Augen

Die Augen sind nicht nur zum Sehen,
sind auch zum *Singen* eingericht'
wie soll man es denn sonst verstehen,
wenn man von Augen*liedern* spricht?

Die Nase

Wenngleich die Nas, ob spitz, ob platt,
zwei Flügel – Nasenflügel – hat,
so hält sie doch nicht viel vom *Fliegen;*
das *Laufen* scheint ihr mehr zu liegen.

Die Modistin

Sie zeigt das Neuste der Saison ...
Da plötzlich stolpert sie beim Schreiten,
und lächelnd spricht sie: »Oh, pardon,
ich habe *Absatz*schwierigkeiten!«

Das wäre schön

Ich glaube, manche junge Frau,
die würd vor Glück zerspringen,
würd ihr der Klapperstorch zum Kind
auch gleich den Vater bringen.

Der kalte Wind

Es wohnt ein Wind in Leningrad,
der pustet kalt,
wer da nicht einen Mantel hat,
der hustet bald.

Zu wenig

Ich kenne keine Beine,
die schöner wärn als deine,
deshalb bedaure ich es fast,
dass du nur zweie hast ...

Man nehme

Seit frühster Kindheit, wo man froh lacht,
verfolgt mich dieser Ausspruch magisch:
Man nehme ernst nur das, was froh macht,
das Ernste aber niemals tragisch!

Abendfrieden

Die Oma murmelt leise vor sich her –
sie spricht mit Opa, doch den gibt's nicht mehr...
Im Bettchen nebenan schläft süß das Kind...
Die Mutter strickt ... Der Vater spinnt ...

Zum Abschied

Versuche tunlichst zu vermeiden, jeden
mit klugem Wortschwall zu benetzen;
denn plötzlich stirbst du und vermagst die Reden,
die du gehalten, nicht mehr in Taten umzusetzen ...

An einen von vielen

Als du noch warst, wollt man nichts geben.
Kaum warst du tot, ließ man dich leben!
So ist's! – Den höchsten Ruhm erworben
hat man erst dann, ist man gestorben.

Schüttelreime

Er würgte eine Klapperschlang,
bis ihre Klapper schlapper klang.

Im Juli gibt es heiße Nächte,
dann fängt man in der Neiße Hechte.

Ich kann nichts dafür, dass der Mond schon scheint,
und dass nicht der Mond seinen Mondschein schont,
und dass Frau Adele im Wohnheim weint,
weil sie nicht wie früher in Weinheim wohnt.

Nur Wasser trinkt der Vierbeiner,
der Mensch, der findet Bier feiner.

Kurz vor Schluss

Schön ist der Wein, bevor er getrunken,
schön ist das Schiff, bevor es gesunken,
schön ist der Herbst, solange noch Mai ist,
schön ist der Leutnant, solang er aus Blei ist.

Schön ist das Glück, wenn man es nur fände!
Schön ist dies Buch, denn gleich ist's zu Ende.

Zum Schluss

Doch nun wär es besser, wenn ich
endlich enden würde, denn ich
seh es schon an euren Augen,
dass mit Müh nur ihr könnt saugen
auf in euch die Geistesblitze,
welche durch die schmale Ritze
meiner Feder bläulich fließen.
Also gut, ich will jetzt schließen.
Pegasus, hau ab, geh äsen! –
Und auf frohes Wiederlesen.

Das Gedicht

Ich könnte gern noch ein Gedicht
in dieses Büchlein schreiben;
doch weil es mir an Zeit gebricht,
auch küsst mich meine Muse nicht,
drum lass ich's lieber bleiben.

Ganz zuletzt

O wär ich
der Kästner Erich!
Auch wäre ich gern
Christian Morgenstern!
Und hätte ich nur *einen* Satz
vom Ringelnatz!
Doch nichts davon! – Zu aller Not
hab ich auch nichts von Busch und Roth!
Drum bleib ich, wenn es mir auch schwer ward,
nur der Heinz Erhardt ...

Noch 'n Abschied

Es gibt so viele Abschiedslieder,
man hört im Funk sie immer wieder.
Meistens singt sie ein Tenor,
mal singt er mit, mal ohne Chor.
Ich hab ein wenig nachgedacht
und auch so 'n Abschiedslied gemacht!

Kehrreim:

Lebe wohl, adieu, auf Wiedersehn,
addio, tschüs, na denn, gehab dich wohl!
Nun hau schon ab! Viel Glück, bleib gesund,
ade, mach's gut, bis bald, Mahlzeit, Moin!
Ich kann auch auswärts: au revoir, bye-bye,
arrivederci, oder auch proschtschai!
Nun kommt noch: tschau und servus, na, und jetz'
fehlt nur noch das Zitat vom Götz!

Inhalt

Abendfrieden 290	Ausgefallenes 99
Abendlied 177	Ballade aus Estland 168
Affig. 29	Baltische Aufforderung . . 126
Alte Weisheit 186	Bäume im Wald. 85
Am Kamin 86	Beckmesser. 232
Ampeln. 104	Beethovens Totenmaske 188
An dich 217	Beichte 190
An die Bienen 35	Bei Opa. 76
An einen Hamsterer. 109	Bel Ami 64
An einen Kollegen 107	Berichtigung 193
An einen Nichtschwimmer 95	Bilanz 146
An einen Pessimisten 129	Bin ich verliebt? 164
An einen Schlagerkomponisten. 243	Birnen. 143
An einen von vielen. 290	Blasphemie 24
Anhänglichkeit 128	Brauchtum. 13
Ankunft in Frankfurt 126	Chor der Müllabfuhr 89
An meine Brille 88	Danach. 77
An Rolf 139	Das Blümchen. 167
Archimedes. 195	Das Dings. 122
Artverwandt 16	Das Echo 85
Auf den Tod meines Hundes. 45	Das Fenster 103
	Das Finkennest. 58
	Das Fischchen. 40
Auge um Auge 158	Das Gedicht. 293

Das Gewitter 171	Der Einsame 186
Das Glück. 120	Der ferne Merkur 114
Das glückliche Leben 127	Der Fischer 203
Das große Los 143	Der Friedhofsgeiger 153
Das hat sie nun davon. . . . 223	Der Frosch. 240
Das Kälbchen 20	Der Frühling 79
Das Konzert. 122	Der Geiger. 236
Das Lachen 101	Der General und sein Hemd 84
Das Lama 25	Der große weiße Vogel. . . . 48
Das Pechmariechen 206	Der Guck-Guck 20
Das Schloss 129	Der Hirschkäfer 6
Das Steckenpferd. 21	Der Igel. 28
Das Unwetter 205	Der Kabeljau 13
Das Vöglein 29	Der kleine Engel. 92
Das Weidenrösslein. 210	Der König Erl. 210
Das Wiedersehn 187	Der Kuckuck 69
Den Unverstandenen 7	Der letzte Besuch. 185
Depressionen 174	Der Leu und die Gazelle. . . 55
Der alte Wolf 70	Der Mathematiker 87
Der Angler. 65	Der Maulwurf 66
Der Apfelschuss. 209	Der Maus 15
Der Bach. 240	Der Mohr von Venedig . . . 203
Der Berg 103	Der Muselmann 179
Der Besuch 184	Der Pflasterstein 136
Der Brummer 30	Der Pv. 17
Der Einbruch. 165	

Der Regenwurm.......... 33	Die Katze 54
Der rötliche Mars und die Venus 113	Die Kellermaus 52
Der Saurier.............. 34	Die Kuh................. 27
Der Schatz.............. 10	Die Kunst des Trinkens ... 181
Der Schauspieler 234	Die Libelle 36
Der Schmetterling 31	Die Lore 123
Der Spatz 28	Die Made 9
Der Spatz 66	Die Mauritius 83
Der Stein............... 108	Die Mitte............... 152
Der Stier 63	Die Pointe 192
Der Strohhut 76	Die Polizei im Wandel der Zeiten............... 106
Der Tauchenichts 207	Die polyglotte Katze 56
Der verstimmte Elefant.... 50	Die Q.................... 8
Der Vielaß 97	Die Sängerin 238
Der Wahlredner 162	Die Schlange............. 44
Der Wurm............... 43	Die Schnecke 23
Der zweifelhafte Storch ... 18	Die Schwalbe 16
Der zweite Besuch....... 184	Die Tänzerin 242
Dichter mit Leih-pegasus 191	Die Tauben und Beethoven 51
Dichter und Bauer 89	Die Turmuhr 73
Die Attraktion 151	Die Uhrsache 170
Die Eule 67	Die Untermieterin 18
Die Fliege................ 30	Die Weihnachtsgans 49
Die Gardinenpredigt...... 94	Dort bin ich 127
Die Gazelle 67	Drei Balladen 199

Drei Bären 47	Es scheint so 128
Drei Bilder 138	Esst mehr Fisch. 69
Drei Raupen 22	Fast eine Fastenkur 178
dschu-fi-mu 183	Ferien auf dem Lande 56
Dünne Luft. 90	Fernsehen 246
Düsenlärm. 108	Feste 140
Eichhorn. 136	Flecke 148
Ein Brief aus Hagenbeck. . . 32	Fräulein Mabel 244
Eine Beobachtung 78	Frau Wirtin. 109
Eine verfahrene Geschichte 166	Fünfzig Pfund 154
Ein Kinderlied 6	Fußball 95
Ein Männergesangverein . 241	Gänseblümchen. 17
Ein Nachruf 131	Ganz zuletzt 293
Ein Ostergedicht 170	Gedanken am Samstagabend 175
Ein Pianist spielt Liszt 236	Gedanken an der Ostsee. 138
Ein Standpunkt 147	
Ein Trauertag. 130	Gedanken beim Anblick deiner Krokotasche. 26
Ein Traum. 70	
Ein Volkslied 43	Gerüchte um Gerichte 82
Ein Vorschlag 178	Geschichten um Ritter Fips zu Fipsenstein. 250
Ein Weihnachtslied 139	
Ein Zyklus. 60	Glück bei Fraun 147
Ente gut, alles gut 26	Großmamas Lied 131
Erkenntnis 176	Hallo, Schwan! 230
Es ist nicht alles Gold, was glänzt 120	Hanneles Siegesfahrt 198
	Harte Schicksale. 135

Heimliche Liebe	80
Heißer Mai	42
Hero und Leander	212
Herr Schnabel	231
Himmlischer Käse	117
Hirngespinst	124
Humanistisches Frühlingslied	41
Hund und Herrchen	44
Ihr Drang	234
In der Schule drüben	133
In eigner Sache	119
In vier Zeilen	277–290
Kennst du den Ort?	90
Kinder	158
Kleiner Vogel	53
Knabe mit erkältetem Käfer	68
Kolumbus	197
Kreuz und quer	156
Kurz vor Schluss	292
Langes Wochenende	125
Legitim	216
Leicht zu sagen	123
Letzte Bitte	189
Letzter Rat	188
Liebe Sonne	111
Lieder der Wüste	74
Löwenzahn	37
Luisenstraße 13	162
Mary and Lisa	201
Meine Tante	72
Mein Freund	144
Milch	96
Moderne Sinfonie	235
Mona Lisa und die Maler	215
Mond über der Stadt	116
Nächstenliebe	174
Nee, das geht nicht	11
Nero	196
Neues von Wilhelm Tell	208
Noch 'n Abschied	294
Oben ohne	102
Ode an den Neumond	115
Pappis Wiegenlied	137
Perpetuum mobile	134
Polygam	121
Pressefreiheit	160
Prolog	5
Querschnitt durch Verdi	228
Rechtschreibung	62
Rezept	94

Ritter Fips als Held....... 256	Ritter Fips und die Diät................. 255
Ritter Fips als Kind 251	Ritter Fips und die Jungfrau 259
Ritter Fips im Winter 273	Ritter Fips und die Mandeln............. 263
Ritter Fips und das Blutbad 273	Ritter Fips und die Schule 252
Ritter Fips und das Burgverlies........... 261	Ritter Fips und die Zugbrücke........... 271
Ritter Fips und das Echo.. 258	Ritter Fips und ein Wochenprogramm 269
Ritter Fips und das Geigenspiel 251	Ritter Fips und sein anderes Ende 275
Ritter Fips und das Hirn... 250	Ritter Fips und seine erste Rüstung 250
Ritter Fips und das Küchenpersonal......... 253	Ritter Fips und seine Läuterung 272
Ritter Fips und das Team.. 266	Ritter Fips und sein Ende 274
Ritter Fips und das Wagenrennen 264	Ritter Fips und sein Sekretär 267
Ritter Fips und das Zahnweh............. 257	Sabinchen 19
Ritter Fips und der Dichter.............. 271	Schal und Rauch......... 145
Ritter Fips und der Magere 262	Schicksal 121
Ritter Fips und der Zweikampf 265	Schimpfe nicht 150
Ritter Fips und der zweiköpfige Drache 260	Schöne Aussichten 78
Ritter Fips und des Nachbarn Bier.......... 253	Schüchternheit.......... 124
Ritter Fips und des Sängers Fluch(t) 262	Schule................. 132

Schüttelreime	291
Schwer	86
Sehnsucht	135
Singe, wem Gesang gegeben	38
's kommt ein Vogerl geflogen	46
Sommeranfang	173
Spätlese	180
Stiche	23
Tannhäuser	218
Tatü, tatü	14
Tirili, piit-piit	8
Trinklied	183
Trost	182
Überlistet	169
Urlaub im Urwald	110
Verdrehte Welt	176
Verehrerpost	247
Verrat	39
Viele Verse …	190
Vögel	59
Vogel und Baum	58
Vom Alten Fritz	98
Von A bis E	91
Vorsicht beim Öffnen/Im Osten nichts Neues	98
Wahrheit	145
Wandrer am Abend	93
Wandrer am Morgen	93
Warum der Saturn einen Ring hat	112
Warum die Zitronen sauer wurden	101
Was duftet da?	81
Was es nicht alles gibt	233
Was wär …	102
Weidende Seekuh	24
Weihnachten 1944	141
Windmühlen	142
Winteranfang	172
Wirklich unerhört	12
Witzbolde	100
Wolken	118
Zeus	194
Zum 25. August 1967	246
Zum Abschied	290
Zum Schluss	292
Zur Pause	152
Zweifel	247
Zwei Kröten	38

3. Auflage 2016

© 2015 Lappan Verlag in der Carlsen Verlag GmbH, Oldenburg/Hamburg

ISBN 978-3-8303-3405-7

Alle Rechte vorbehalten. Das Werk darf – auch teilweise – nur mit Genehmigung des Verlags wiedergegeben werden.

Gestaltung und Herstellung: Jutta Bauer · Monika Swirski

Druck und Bindung: CPI books GmbH, Leck

Printed in Germany

www.lappan.de